JN090562

BREAKING THE BIAS HABIT: A WORKSHOP TO PROMOTE GENDER EQUITY

バイアス習慣を断つためのワークショップ

ジェンダー公正を進める職場づくり

ウィスコンシン大学マディソン校
WISELI 科学・工学分野女性リーダーシップ研究所 編

中島ゆり
西岡英子 訳

長崎大学ダイバーシティ推進センター 監修
大阪公立大学女性研究者支援室 協力

WISELI
Women in Science & Engineering
Leadership Institute University
of Wisconsin-Madison

明石書店

ご挨拶

ダイバーシティ社会の実現（Diversity & Inclusion）は、2021年に開催された東京オリンピックを例に挙げるまでもなく、日本社会における喫緊の課題となって久しい。人々の持つ多様性（Diversity）を理解・受容し、社会的排除を解決し包摂（Inclusion）する社会を構築することは、国や行政のみならず、各種団体や企業、学校組織においてもマネジメントの重要な指針であり、積極的な取り組みが行われている。

アカデミア、特に大学もまた例外ではない。我が国の大学の課題として女性研究者や上位職が少ないことは指摘されてきたが、理系分野と言われてきたような科学技術領域（農工、医歯薬など）においては極端に女性研究者の活躍が少ないことが課題となっている。

長崎大学ダイバーシティ推進センターは、男女共同参画に端を発し、大学内のダイバーシティ研究環境の実現を目的とした部署であり、大きく以下の3つのミッションを担っている。

- 女性研究者の増加、上位職登用や研究力向上を目指した女性研究者サポート
- 全教職員のワークライフバランスの実現を目指したライフイベントサポート（介護、育児等）、働き方見直しプログラムの実施
- キャンパスの多様性促進（学内のダイバーシティに関する様々な理解啓発）

これらのミッションは、現在顕在化している女性研究者の少なさを解決することのみが目的ではない。大学におけるダイバーシティの実現は、組織の生産性、大学では研究教育成果の向上を目指し、多様な人材が集まることで新しい研究アイディアが創出しイノベーションが起こりやすくなる研究環境の構築のためである。また、組織の構成員である教職員が自らの能力を活かし、やりがいをもって働く職場づくりを進めることを目指している。

しかしながら、これまでに培われた文化的・社会的側面、人々の価値観は、そう簡単に変容できるものではない。大学もまた長い間、「大学とはこういうもの」という枠を持ち続けてきた。ダイバーシティの推進には相当の努力が必

要であり、本学のみならず、各大学は試行錯誤を重ねている。

このようななかで本学は、文部科学省科学技術人材育成費補助事業ダイバーシティ研究環境実現イニシアティブ（先端型）（2019～2024年）に採択され、助成を受けて学内のダイバーシティ研究環境の整備推進を加速的にすすめている。本事業の大きな柱の1つが、大学独自の「ダイバーシティ推進学習プログラムの開発と実施」である。

個人が持つ属性とは、性別、国籍、人種、年齢、宗教や障害の有無、性的指向など多岐にわたる。多様な価値観もまたその1つではあるが、ものの見方やとらえ方のゆがみや偏りがあるとき、またそれに気づいていないとき、それを無意識の偏見（アンコンシャスバイアス）あるいは潜在的バイアス（インプリシットバイアス）と呼ぶ。我々はみな、何らかのアンコンシャスバイアスを持っているとも言われている。しかしそれが、何気ない言動により明らかになることがあり、人間関係やコミュニケーションの齟齬から、モチベーションの低下や、時にはハラスメントに繋がることもよく知られている。そのため、近年では組織においてこのアンコンシャスバイアスの知識を持ち、自らのゆがみや偏りに気づき、考え、時には修正をする研修等が行われることがある。国内にも様々なアンコンシャスバイアス講座が存在し、一大ビジネスとなっており、大学でもSD（staff development）等研修や講座を開催する事例も多い。しかし大学や研究機関、研究者、すなわちアカデミアに特化したプログラムはあまり存在せず、応用的な導入にとどまっているのも事実である。そこで本学ではアカデミアに特化した包括的なプログラムと、教職員全員が効果的に学ぶことのできる教材の開発を試みることを目指すこととした。

そこで、まずは海外での先進的な取り組みに学ぶこととして、第一に挙げたのがウィスコンシン大学マディソン校のWISELI（Women in Science and Engineering Leadership Institute）であった。おりしもコロナウイルス感染症の感染拡大が叫ばれ始めた2020年3月、本著の翻訳を担当した当センターの副センター長である中島ゆり氏が、本補助事業の海外派遣助成によりマディソン校を訪問、ヒアリングさせていただいた中で資料として頂いたものの1つが、本書 *BRAKING THE BIAS HABIT* である。

本書には、大学の中でインプリシットバイアスに焦点化し、アカデミアの科学者が取るべき態度、そしてその態度を育成するための積極的な手法として、ジェンダーバイアスに関する習慣を変容させることを狙いとしたワークショップのアイディアが豊富に示されている。様々なSDセミナーを企画・実施する我々の活動にとって非常に有益であり、すぐにでも役立つものと確信することができた。その後、これらの先進的な取り組みを参考にしつつ、長崎大学の実情に合わせた、e-learningとSDセミナーを中心としプログラム評価を可能とした、包括的なダイバーシティ学習プログラムを開発することができたが、WISELIに学ぶところが大きかったことは間違いない。

今回、我々の学んだ方法を広く国内にも広げ活用できないかという思いから、我々に先行してマディソン校と連携し資料の活用に着手していた大阪市立大学（現大阪公立大学）女性研究者支援室と協働しての翻訳を行うことができた。この度、WISELIの許可を得て*BRAKING THE BIAS HABIT*を『バイアス習慣を断つためのワークショップ——ジェンダー公正を進める職場づくり』として発刊にこぎつけることができたのは大きな喜びである。

本書が、我が国のアカデミア、科学者のジェンダーバイアス変容に向けた大きな指針となることを確信している。

長崎大学副学長・ダイバーシティ推進センター長
吉田　ゆり

WISELIから日本の仲間たちへのご挨拶

このたび『バイアス習慣を断つ』ワークショップを作りあげた教員・職員たちは、私たちの仕事を日本の仲間たちが日本の大学で活用するために取り入れてくれることを嬉しく思っています。学問の世界、特に科学、技術、工学、数学、医学（STEMM）の分野におけるジェンダー差別のパターンは世界中のあらゆるところに存在しています。このようなパターンは、男女の特性に関する無意識で暗黙の前提が社会を超えて非常に似通っているために生じています。男性に対するステレオタイプ（強い、決断力がある、リーダー、リスクテイカー）は、科学者に対するステレオタイプ（賢い、論理的、仕事中毒、突飛な）とより強く一致し、女性に対するステレオタイプ（養育、親切、支援的、依存的）とはあまり強く一致しません。私たちの研究によると、このような暗黙の連想がSTEMMのポジションに非常に向いている女性に対する認識と評価にどのように影響するかを教員たちが学び、<u>さらに重要なことに</u>、これらのバイアスの影響を減らすために取ることのできる戦略を学べば、STEMMにおける女性の参画と昇進を促進する上で、さらに前進することが明らかになっています。私たちの研究で分かったのは、本教材で提供される教育内容が、(1) バイアスを個人として影響させることを減らす、(2) STEMM学科・専攻における女性の労働環境を改善する、(3) STEMM学科・専攻における女性教員の雇用が改善するということです。日本の大学がジェンダー平等への道を歩み始めるにあたり、本教材がお役に立てることを願っています。

『バイアス習慣を断つ』ガイドブックの日本語翻訳にあたり、長崎大学の中島ゆり博士、大阪公立大学の西岡英子特任准教授と協働することができ感謝しています。日本のSTEMMリーダーシップにおけるジェンダー公正を進める上でお二人のリーダーシップは並外れたものであり、私たちの教材がお二人のお仕事にお役に立てたことを光栄に思っています。また、このような熱心で優秀な仲間を紹介してくださった大阪市立大学（現大阪公立大学）名誉教授の工位武治博士にも感謝いたします。

WISELIからDr. Jennifer Sheridanおよびその同僚たちより

目次

このワークショップについて

このワークショップは科学者のダイバーシティを推進することをねらいとした米国国立衛生研究所主導の取り組みの一環として開発された。本プログラムへの助成はアカデミアにおけるジェンダーダイバーシティに焦点化されたものだが、このワークショップで取り上げる概念や戦略はジェンダーバイアスに留まらず、より広くダイバーシティに適用可能である。

背景

キャリアの初期段階においては男女はほぼ同数であるにもかかわらず、上級職になると往々にして女性が少なくなる。科学、技術、工学、数学、医学（STEMM）のような多くの分野において、いまだ女性は最大限の貢献をすることが可能となっていない。

この複雑な問題を解き明かすには機関レベルと個人レベルの双方に着目した重層的アプローチが求められる。大学という機関レベルで見ると女性の方が所属学科・専攻の組織風土についてより否定的に訴え、より多くの女性が大学を辞め、テニュアになる割合が低く、学術関係の賞や栄誉を受けることが少なく、指導的立場に就く可能性も低い。個人レベルで見ると、雇用機会における女性の不利な状況はジェンダーに関する社会的役割や能力、特徴などについての思い込み（ステレオタイプ）に基づいた認知のゆがみに起因することが多くある。

ダイバーシティを義務付けることでこれらの問題の解決を図ろうとすると強制的だと受け取られ、逆効果になってしまう恐れがある。偏見なく対応しようとする意志、意図的な行動変容、成人学習という３つの領域における研究を見ると、総じて、自身の振り返り、応用的実践、行動へのコミットメントを伴う主体的な学びが個人・組織レベルの双方において持続的な行動変容を促す最もよい方法であることが示唆されている。アカデミアにおけるジェンダーバイアスの根本的原因にインパクトをもたらすより広範囲にわたる変化を生み出すためには次のことが必要である。

- 組織の変革を推し進める立場にある教員たちが習慣的で無意識なバイアスの

ない行動様式を獲得することができるよう、エビデンスに基づいた関わりを行うこと。

- 嫌悪感のある反応を引き出さないように、公平な介入策を提示する能力を獲得すること。

ワークショップデザインの要素

行動変容のためのこのような要件を踏まえ、我々は個人および機関レベル双方での行動変容を促すため、非強制的なアプローチを用いたプログラムをデザインした。このワークショップは成人学習と意図的な行動変容を促す原則を取り入れている。このワークショップには少人数・大人数どちらのグループでも実施可能な8つのアクティブな参加型の演習と行動へのコミットメントにつながる個々の参加者の作文演習が含まれている。

> このワークショップではジェンダーバイアスにまつわる諸概念を紹介し、こうしたバイアスが職場でどのような影響をもたらし得るかの例を取り上げ、バイアスを自主規制するためのエビデンスに基づいた戦略を示す。

ワークショップの成果

このワークショップを通じて参加者は次のような体験をすることになる。

- 自らが持つバイアスをより自覚するようになる
- 偏見を持たずに対応する内的動機のレベルが高まる
- 公正な自己効力感が高まる
- 公正な結果への肯定的な期待感が強まる

ワークショップへの参加を通じて学科・専攻とその構成員は以下を得られる。

- 偏見を持たずに対応することへの外的動機のレベルが高まる
- ジェンダー公正に向けた行動（学部・学科の25%以上が参加した場合）とよりポジティブな雰囲気が強まる

ワークショップの前提条件

ワークショップを成功させるための Tips

トレーナーのスキル

このワークショップは2時間半で実施するよう設計されている。プログラムの魅力を高めながらも学習者とプレゼンターの疲労を少なくするため、チームティーチングのアプローチが推奨される。トレーナーにはプログラムの一環として行うケーススタディにおいて、グループディスカッションを進行し、ファシリテートする能力が求められる。そのため、潜在的なジェンダーバイアスについて少なくともある程度の知識を持った人がトレーナーを務めるのがよい。なぜなら、第1にプレゼンテーションのスライドに含まれていない補足情報をトレーナーが説明でき、スライドが一字一句読み上げられるだけという状態を回避することができる。第2に、参加者から投げかけられる質問はときに答えにくいものであるからである。本マニュアルはよくある質問やそれに対する適切な回答を紹介しているが、トレーナーは潜在的なジェンダーバイアスに関する基本的事項についてよく知っておく必要がある。

多くのスライドのノートの部分には発表者用のノートも載せた。このワークショップでは多くの情報を伝えるので、時間通りに進行するために、先立って通読し、練習しておくことをお勧めする。プログラムの中で引用した論文やその他関連文献一覧は本マニュアルの最後に添付した。ワークショップを実施する前に最低でも以下の論文を読んでおく必要がある。これらの論文は講演の中で取り上げるため、参加者が各研究の詳細についての質問をよくするからである。

スライド 10: Eagly, A. H., Johannesen-Schmidt, M. C., & van Engen, M. L. (2003). Transformational, transactional, and laissez-faire leadership styles: A meta- analysis comparing women and men. *Psychological Bulletin*, 129(4), 569-591.

スライド36-37: Nosek, B. A., Smyth, F. L., Sriram, N., Linder, N. M., Devos, T., Ayala, A., Bar-Anan, Y., Bergh, R., Cai, H., Gonsalkorale, K., Kesebir, S., Maliszewski, N., Neto, F., Olli, E., Park, J., Schnabel, K., Shiomura, K., Tulbure, B. T., Wiers, R. W., Somogyi, M., Akrami, N., Ekehammar, B., Vianello, M., Banaji, M. R., & Greenwald, A. G. (2009). National differences in gender-science stereotypes predict national sex differences in science and math achievement. *Proceedings of the National Academy of Sciences*, 106(26), 10593-10597.

スライド45-57: Correll, S. J., Benard, S., & Paik, I. (2007). Getting a job: Is there a motherhood penalty? *American Journal of Sociology*, 112(5), 1297-1338.

スライド49: Smith, F. L., Tabak, F., Showail, S., Parks, J.M., & Kleist, J. S. (2005). The name game: Employability evaluations of prototypical applicants with stereotypical feminine and masculine first names. *Sex Roles*, 52(1), 63-82.

スライド58: Uhlmann, E. L., & Cohen, G. L. (2005). Constructed criteria: Redefining merit to justify discrimination. *Psychological Science*, 16(6), 474-480.

スライド60: Banaji, M. R., Hardin, C., & Rothman, A. J. (1993). Implicit stereotyping in person judgment. *Journal of Personality and Social Psychology*, 65(2), 272- 281.

Davies, P. G., Spencer, S. J., ft Steele, C. M. (2005). Clearing the air: Identity safety moderates the effects of stereotype threat on women's leadership aspirations. *Journal of Personality and Social Psychology*, 88(2), 276-287.

McConnell, A. R., ft Fazio, R. H. (1996). Women as men and people: Effects of gender-marked language. *Personality and Social Psychology Bulletin*, 22(10), 1004-1013.

スライド61-62: Carnes, M., Geller, S., Fine, E., Sheridan, J., ft Handelsman, J. (2005). NIH director's pioneer awards: Could the selection process be biased against women. *Journal of Women's Health*, 14(8), 684-91.

Carnes, M. (2006). Gender: Macho language and other deterrents. Letter to the editor. *Nature,* 442, 868.

スライド65: Davies, P. G., Spencer, S. J., ft Steele, C. M. (2005). Clearing the air: Identity safety moderates the effects of stereotype threat on women's leadership aspirations. *Journal of Personality and Social Psychology*, 88(2), 276-287.

スライド67: Heilman, M. E. (1984). Information as a deterrent against sex discrimination: The effects of applicant sex and information type on preliminary employment decisions. *Organizational Behavior and Human Performance*, 33(2), 174-186.

スライド72-79: Heilman, M., ft Okimoto, T. G. (2007). Why are women penalized for success at male tasks? The implied communality deficit. *Journal of Applied Psychology*, 92(1), 81-92.

Uhlmann, E. L., ft Cohen, G. L. (2005). Constructed criteria: Redefining merit to justify discrimination. *Psychological Science*, 16(6), 474-480.

Davies, P. G., Spencer, S. J., ft Steele, C. M. (2005). Clearing the air: Identity safety moderates the effects of stereotype threat on women's leadership aspirations. *Journal of Personality and Social Psychology*, 88(2), 276-287.

Good, J. J., et al. (2010). The effects of gender stereotypic and counter- stereotypic textbook images on science performance. *Journal of Social Psychology*, 150(2), 132-147.

スライド 72-79: Macrae, C. N., Bodenhausen, G. V., Milne, A. B., ft Jetten, J. (1994). Out of sight but back in mind: Stereotypes on the rebound. *Journal of Personality and Social Psychology*, 67(5), 808-817.

スライド 86-90: Uhlmann, E. L., ft Cohen, G. L. (2007). "I think it, therefore it's true": Effects of self-perceived objectivity on hiring discrimination. *Organizational Behavior and Human Decision Processes*, 104(2), 207-223.

Carnes, M., Devine, P. G., Manwell, L.B., Byars-Winston, A., Fine, E., Ford, C. E., Forscher, P., Isaac, C., Kaatz, A., Magua, W., Palta, M., ft Sheridan, J. (2015). Effect of an intervention to break the gender bias habit: A cluster randomized, controlled trial. *Academic Medicine*, 90(2), 221-230.

ダイバーシティに関する議論は罪悪感、混乱、無力感、防衛反応、怒りといった強い感情的反応を引き起こすことがある。エビデンスを疑ったりプレゼンターを軽んじたりするといった反応は珍しくなく、それはプレゼンターと参加者双方にとって複雑な状況を作り出すことになる。ワークショップにおいては男女問わずこうした防衛行動をとる可能性があることを認識しておくことが重要であり、トレーナーは難しい状況を収束させる力がなければならない。その際、有用なテクニックは次の通りである。

- 声のトーンが対立的にならないよう「データが何を示しているか見てみましょう」と答え、ほかの調査研究からさらなるデータを提示する。
- 落ち着いて参加者の意見に感謝を示すことで言い合いを避け、次のスライドに移る。
- 参加者の性別によってディスカッションが対立したり責任追及したりすることを避けるため、調査研究からジェンダーに中立的な文言を引用したり、急いで次のスライドへとつながる発言をしたりする。

- 次の３つの一貫したテーマを繰り返し強調する。①責任追及はしない、②我々の文化の中で育った人は全員、無意識のステレオタイプを持っている可能性がある、③バイアスを持っているからといって悪い人間というわけではない。

ワークショップ教材の受け取り方は様々であったが、多くの参加者は真面目に受け止めていた。特に2つのケーススタディへの反応はとてもよく、議論も活発になされた。初めのうちは一部の参加者がジェンダーバイアスという概念を面白がり、冷やかしたりからかったりすることがあるかもしれない。一般的にジェンダーバイアスは人種に対するバイアスと同じような道徳的な反発は引き起こさないので、こうしたふるまいはめずらしくない（Czopp & Monteith, 2003）。これをなくすため、モジュール2ではユーモラスなステレオタイプをいくつか取り上げる。期待バイアスに関する41枚目のスライドでは、参加者の所属組織、専門分野、地理的場所などに関するステレオタイプ（ウィスコンシンの人はチーズとグリーンベイ・パッカーズが好き、など）を盛り込んだ。43枚目のスライドでは、「男性は道を訊ねたがらない」というステレオタイプに触れる。ここではいつも笑いが起きるのである。

参加者によっては6つのバイアス概念について人種や専門分野に対するバイアスなどの自分になじみのある文脈に置き換えることで理解をより深めることができることがある。このような参加者は、そこから、これらの情報をジェンダーバイアスにも当てはめるのである。

参加者の募集

2時間半に及ぶプログラムに参加するよう説得するのは難しい。参加者募集に際し、次の点が重要になる。

- ターゲット層を明確にし、募集活動をその層に集中させる。
- 他の提供プログラムと差別化する。
- プログラムの価値を参加者やその所属組織に強調する。
- 集まりやすい場所で都合のいい時間にプログラムを開催する。

- 上層部の賛同を得る。
- 国立衛生研究所（NIH）の助成を受けた研究プロジェクトの一環として開発されたワークショップであることを示す。

これまでの経験や先行研究から、ターゲットを絞ってワークショップを実施する方が、誰でも参加できるワークショップよりもより良いものであることが分かっている。学科・専攻などの単位の聴衆に対してプレゼンテーションを行うことにより、ワークショップの情報がその組織内で広まる（Strang & Meyer, 1993）。似たような状況に直面した時に、参加者はワークショップで学んだことを互いに補強し、思い出すことができ、参加しなかった同僚にも概念や戦略を紹介することが可能となる。特定の学科・専攻などの単位をターゲットにする際は専門的な人員だけでなく、主要な事務職員も招くようにするとよい。なぜなら、効果的にシステムを変容させるには全てのレベルで広げる必要があるからである。

このワークショップはジェンダーバイアスに主眼を置いたものであるが、そこで学ぶスキルはジェンダーバイアスに留まらず、ダイバーシティ全般により広く応用することができることをターゲット層に対して伝えることが大切である。その意味で、職場やコミュニティで実施されている他の様々なダイバーシティプログラムからこのワークショップを差別化していくことも重要になる。第１に、このプログラムでは潜在的バイアスが職場においてどのような影響を持ち得るかの具体例を取り上げることを強調する。第２に、このプログラムは参加者が自らの潜在的バイアスを認識し、それに対抗するのに役立つエビデンスに基づいた戦略を提供することを強調する。第３に、公平な職場環境の実現が人材の獲得や定着率、ひいては組織の実績という点でいかに有益であるかを強調する。例えば、学術機関における学生のロールモデルとしての女性教員の重要性を説く。女性の教員や大学院生を惹きつけることができれば人材の確保を最適にできる。最後に、先行研究によれば、男女双方が働いている環境下においてはみながより満足感を感じ、人員削減に対する不安の訴えが少なくなることが明らかになっていることに言及する（Fields & Blum, 1997; Callister, 2006）。

参加者の募集を始めるにあたり、まず組織の各階層の管理職に向けた一連のメール原稿を作成することは有効である。例えば、あなたが大学に属している場合、ワークショップに関して学部長にメールを送る際に学部長から学科長に送るメールの原稿を添付する。同様に、学科長にメールを送る際も所属教員に送るメールの原稿を添付する。メールには参加は自由であるが、このワークショップは教員の時間を有効活用できるという旨を書いてもよい。これら一連のメール（ワークショップへの上層部の支持を印象付けるもの）に続き、教員や主要な事務職員の各個人に宛てた招待状をメールで送付し、ワークショップがかれらの学科・専攻などのために特別に開催するものであることを伝えてもよい。招待状を送った後も2、3回のリマインドメールを送る。学科・専攻の管理職からリマインダーを送る快諾を得られればさらに助けになる。全ての参加募集メールには出欠可否をあなたか担当者宛に返信するよう記載する。出席確認は明らかに運営上（手配する部屋の大きさ、配布物の数など）役立つだけでなく、参加者にワークショップに先立って受験してもらう潜在連合テスト（IAT）へのリンクを送るためにも必要である（次のセクションを参照のこと）。

出席者を増やすためには教職員にとってワークショップに参加できる最も都合のよい日時を選定することが重要で、そのためには学科・専攻などの単位の管理職と密に連携することをすすめる。ワークショップの日取りを決める効果的なやり方として、すでに別の会議のために割り当てられている時間枠を使い、2時間半のワークショップが収まるようその枠を広げるという方法がある。これが上手くいかない場合、候補の日時をいくつか提案する。学科・専攻によっては早朝の開催を好むかもしれないし（患者の治療やクライアントのスケジュールとの重複を避けるためなど）、夕方の方が望ましい場合もある（教育指導や手術のスケジュールに支障が出ないようにするためなど）。

管理職であれ教員であれ、その組織内の推進派の存在もワークショップの参加率を向上させる。こうした人々に対し、同僚に「参加を促す」メールを送るようお願いする。こうした推進派はまた、組織の会議から廊下での立ち話においてまでプログラムを宣伝してくれる。

最後に、我々の経験上、食べ物を提供することで出席者が増えることが分かっている。特にワークショップを朝食、昼食、夕食の時間帯に開催する場合である。その他の時間帯でも、コーヒーや飲料水のペットボトル、フルーツ、ナッツ、クッキーなどを提供すると参加者に喜ばれる。

ジェンダーとリーダーシップについての潜在連合テスト（IAT）

ワークショップの3日前までに全参加者にジェンダーとリーダーシップについての潜在連合テスト（IAT）の受験を促すメールを送ることを推奨する。テストへのリンクはWISELIのウェブサイトに記載されている。

http://wiseli.engr.wisc.edu/leaderiat.php

IATをワークショップに先立って受験することで参加者は自らの潜在的バイアスに対する認識を高めることができ、動機付けにつながる（Dasgupta & Asgari, 2004）。加えて、IATはワークショップのモジュール1でも扱う。送信するメールの本文にIATへのリンクを記載すると良い。

IATは2つのカテゴリーへの分類課題のことで、男性・女性というジェンダー名とリーダーとサポーターのようにカテゴリー化できる単語をどの程度強く結びつけるかを測定する。名称のようなメンタルカテゴリーとリーダー、サポーターといった性質との連想の強さは素早く反応しつつ正しく分類する上でかかる時間に反映される。

IATには2種類の課題が含まれる。1つは「一致試行（congruent trial）」と呼ばれるもので、リーダー的役割を男性的な名称に、サポーター的役割を女性的な名称に対応させ、それぞれをペアにして分類することを求めるものである。男女が社会において歴史的に担ってきたステレオタイプ的な役割を反映しているため「一致試行」と考えられている。これらの役割は幼少期から青少年期、成人期を通じて学習しているため、我々の意識に強く根付いている。こうしたステレオタイプは既に存在し、その関連性はかなり確立されているため、2つのカテゴリーへの分類課題を行う際にはこのステレオタイプ的なペアを容易に思い浮かべてしまうのである。

「不一致試行」では反対に、リーダー的役割を女性的な名称に、サポーター的役割を男性的な名称にそれぞれ対として分類することを求める。こうした連想は我々の意識に強く確立されていないため「不一致」と呼んでいる。これらは一般的に我々の社会では男女に関連付けられている役割ではないため、この課題に瞬時に反応することはより難しい。このようにIATでは、リーダー的役割を男性的な名称に、サポーター的役割を女性的な名称にそれぞれ結び付ける時間と、その反対のペアの場合にかかる時間の差を測定するものである。

ワークショップの準備と運営

a. 会場

馴染みのある場所でプログラムを開催することで参加者を最大限増やすことができる。かれらのオフィスに近い場所が理想的である。それが難しければ、十分な駐車スペースがあるか、バスでアクセスしやすい会場を選ぶようにする。過去には参加者が冬に2ブロックを歩きたがらなかったばかりにプログラム全体が失敗に終わった例があった。

b. 座席

参加者には事前にまとめられたワークショップ教材ファイルが配付される。テーブルのある席であればこうした教材を扱いやすいが、ワークショップは講堂を含め、どのような座席でも実施可能である。飲食物を提供する場合はテーブルはより重要である。また、プログラム中、ペアや少人数のグループで行う活動があり、参加者間で会話する必要があるため、なるべく固まって座るよう参加者を促す必要がある。参加者が1つの大きなテーブルを囲むようにグループになっている場合、隣に座っている人とペアワークをしてもらうようお願いする。

c. 時間配分

前述の通り、本プログラムは多くの情報提供に加えてペアまたは少人数グループによる活動がセットされている。2時間半にわたるセッションの内訳は以下の通りである。

- イントロダクション― 25 分
- モジュール 1：習慣としての潜在的バイアス ― 35 分
- モジュール 2：職場における潜在的バイアスの確認 Part 1 ― 30 分

- 休憩 — 5 分
- モジュール 2：職場における潜在的バイアスの確認 Part 2 — 25 分
- モジュール 3：潜在的バイアスの影響を減らすための戦略 — 20 分
- まとめと評価シートの記入 — 10 分

詳細なアジェンダと推奨される時間配分については付録 B に記載した。

d. 教材

各参加者に配付されるファイルにはワークショップのアジェンダ、プレゼンター一覧、スライドのコピー、ケーススタディ 2 件、ワークショップで使用する用語の説明、バイアス軽減戦略を示した表、ワークショップの評価シート、プログラムの引用文献一覧、メモ用紙を入れている。潜在的バイアスを乗り越えるための戦略だけでなく、プログラムで扱ったバイアス概念を記述したしおりなどを入れてもよい。

加えて、プログラムの最後に記入する「行動へのコミットメント」シートを同封することを推奨する。複写式の紙に印刷し、1 枚をトレーナーに提出してもらう。この演習には複数の目的がある。第 1 に、習慣をやめるのは非常に難しいことであるが、先行研究によれば、明確な計画を立てることがその一助になる。これまでの教育にかかる一連の文献でコミットメントを書き記すことで実際に行動に移す可能性が増すことが示唆されている（Lockyer, Fidler, & Ward et al., 2001; Overton & MacVicar, 2008; Wakefield, Herbert, & Maclure et al., 2003）。第 2 に、このシートを 1 枚トレーナーに渡すことで、トレーナーは自分がワークショップの諸概念をどの程度上手く伝えられていたか、そして、参加者が自らの行動にそれらの概念を落とし込める方法を思い描くことができるくらい十分それらの概念を理解しているかどうかを判断することができる。

プログラムを準備する上で有用なチェックリストは付録 B に含まれている。

女性の退職状況を示す組織のデータ

9 枚目のスライドで、参加者が所属する組織に関するデータを提示することができれば参加者はより早い段階でワークショップに関心を持つようになる。我々のワークショップでは１つのグラフに専門分野に特化した２セットのデータを示す。すなわち、１つは全国のデータ、もう１つは参加組織単位のデータである（下記の例を参照のこと）。組織のデータが入手できない場合は本マニュアルの９枚目のスライドに記載している通り、全国のSTEMM分野のデータのみを示してもよい。

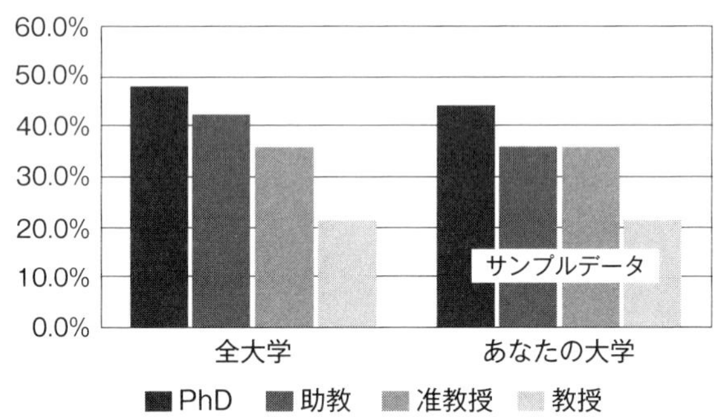

このセクションの参考文献一覧

Callister, R. R. (2006). The impact of gender and department climate on job satisfaction and intentions to quit for faculty in science and engineering fields. *Journal of Technology Transfer*, 31(3), 367-375.

Czopp, A. M., & Monteith, M. J. (2003). Confronting prejudice (literally): Reactions to confrontations of racial and gender bias. *Personality and Social Psychology Bulletin*, 29(4), 532-544.

Dasgupta, N., & Asgari, S. (2004). Seeing is believing: Exposure to counterstereotypic women leaders and its effect on the malleability of automatic gender stereotyping. *Journal of Experimental Social Psychology*, 40(5), 642-658.

Fields, D. L., & Blum, T. C. (1997). Employee satisfaction in work groups with different gender composition. *Journal of Organizational Behavior*, 18(2), 181-196.

Lockyer, J., Fidler, H., Ward, R., Basson, R. J., Elliott, S., & Toews, J. (2001). Commitment to change statements: A way of understanding how participants use information and skills taught in an educational session. *Journal of Continuing Education in the Health Professions*, 21(2), 82-89.

Overton, G. K., & Macvicar, R. (2008). Requesting a commitment to change: conditions that produce behavioral or attitudinal commitment. *Journal of Continuing Education in the Health Professions*, 28(2), 60-66.

Strang, D., & Meyer, J. W. (1993). Institutional conditions for diffusion. *Theory and Society*, 22(4), 487-511.

Wakefield, J., Herbert, C. P., Maclure, M., Dormuth, C., Wright, J. M., Legare, J., Brett-MacLean, P., & Premi, J. (2003). Commitment to change statements can predict actual change in practice. *Journal of Continuing Education in the Health Professions*, 23(2), 81-93.

ワークショップの構成要素

このワークショップはあらゆる側面でエビデンスに基づいており、以下を含んでいる。

1. 関連分野の理論的概念
2. アカデミア以外の環境（ビジネス界など）に関する研究からのエビデンス
3. 教員に対してワークショップを実施してきた筆者の経験（Carnes et al., 2012; Sheridan et al., 2010）

「バイアス習慣を断つ――公正を促進するためのワークショップ」では参加者を専門家だと認識し、振り返りと問題解決を行うよう促し、迅速なフィードバックが与えられる環境で実践を行う機会を提供する。また、効果的なグループ・プロセスの理念に忠実に行う（Bales, 1950; Jaques, 1991）。

受講前の基準値を測る潜在連合テスト（IAT）

- 目的：IATは潜在的バイアスに関する意識を高め、さらに参加者が持つバイアスについての個人的なエビデンスを振り返る機会を提供することで参加者の意欲を引き出すのに役立つ（Dasgupta & Asgari, 2004）。ワークショップの3日前までにメールを通じてこのテストのリンクを送信する。この2つのカテゴリーの分類課題はリーダーまたはサポーターに分類される単語に男性または女性的な名称を連想付ける強さを測定するものである。WISELIのウェブサイトで公開されているIATのリンクは次の通りである。http://wiseli.engr.wisc.edu/leaderiat. php.

イントロダクション

- 目的：イントロダクションでは、科学、技術、工学、数学、医学（STEMM）分野に携わる人々にジェンダー公正がもたらされることが米国国立衛生研究所（NIH）や米国国立科学財団（NSF）のような主要な研究機関にとっていかに重要であるかを強調し、国の経済への影響についても焦点を当てる。

- モジュール1では参加者がペアになり、自分の専門分野や職場環境におけるジェンダー公正の定義についてディスカッションを行い、それを共有することで気付きを促す。
- モジュール2ではペアになった参加者が自分の専門分野や職場環境でジェンダーバイアスを軽減することで生まれるメリットを見出し共有することで意欲を喚起する。

モジュール1：習慣としての潜在的バイアス

- 目的：最初のモジュールでは目の錯覚を利用して現実と対象知覚の不一致を示すことで潜在的バイアスを「思考の習慣」として紹介する。個人の経験が意思を阻害し得る概念は、社会において潜在的バイアスが生じ、機能するプロセスにも当てはめることができる。

モジュール2：職場における潜在的バイアスの特定

- 目的：2つ目のモジュールではバイアスが顕在する6類型に名前を付けて説明することで深い学びを得、研究や実生活の例を用いてそれぞれの理解を確かなものにする。
- 演習1・2：新しい知識を応用し確かなものにするため、参加者に読者シアターとして2つのケーススタディを演じてもらう（手を挙げた人にケーススタディの役割を読み上げてもらう、など）。参加者は用意された一連の問いに基づいてそれぞれのケースについて議論し、その内容をグループ全体に共有する。

モジュール3：潜在的バイアスの影響を減らす戦略

- 目的：最後のモジュールは潜在的バイアスを自己制御する効果的・非効果的な戦略を示す実験例に基づき、参加者の自己効力感を高めることを目的としている。プレゼンターが参加者が出し合った潜在的バイアスを減らすことによるメリットと行動を個人の信念と一致させるようなエンパワメントについて振り返ることで肯定的な成果を促す。また、他の習慣をやめることとの類似点も強調する（その成果は努力する価値がある、など）。

行動へのコミットメントに向けた活動

- 目的：この作文演習はワークショップで提供する情報の定着と戦略の応用を促すものである（Lockyer et al., 2001）。これまでの一連の先行研究において、コミットメントを書き記すことによって行動変容が強化されることが示唆されてきた（Overton & Macvicar, 2008; Wakefield et al., 2003）。

このセクションの参考文献一覧

Bales, R. F. (1950). *Interaction process analysis: A method for the study of small groups.* Oxford, England: Addison-Wesley.

Carnes, M., Devine, P. G., Isaac, C., Manwell, L.B., Ford, C., Byars-Winston, A., Fine, E., & Sheridan, J. T. (2012). Promoting institutional change through bias literacy. *Journal of Diversity in Higher Education*, 5(2): 63-77.

Dasgupta, N., & Asgari, S. (2004). Seeing is believing: Exposure to counterstereotypic women leaders and its effect on the malleability of automatic gender stereotyping. *Journal of Experimental Social Psychology*, 40(5), 642-658.

Jaques, D. (1991). Learning in groups. London: Kogan Page.

Lockyer, J., Fidler, H., Ward, R., Basson, R. J., Elliott, S., & Toews, J. (2001). Commitment to change statements: A way of understanding how participants use information and skills taught in an educational session. *Journal of Continuing Education in the Health Professions*, 21(2), 82-89.

Overton, G. K., & Macvicar, R. (2008). Requesting a commitment to change: conditions that produce behavioral or attitudinal commitment. *Journal of Continuing Education in the Health Professions*, 28(2), 60-66.

Sheridan, J. T., Fine, E., Pribbenow, C., Handelsman, J., & Carnes, M. (2010). Searching for excellence & diversity: Increasing the hiring of women faculty at one academic medical center. *Academic Medicine*, 85(6), 999-1007.

Wakefield, J., Herbert, C. P., Maclure, M., Dormuth, C., Wright, J. M., Legare, J., Brett-MacLean, P., & Premi, J. (2003). Commitment to change statements can predict actual change in practice. *Journal of Continuing Education in the Health Professions*, 23(2), 81-93.

スライドと発表者用講演ノート

次ページ以降はワークショップで用いるスライドとその発表者用ノートである。このプレゼンテーションは様々な文献調査と50回以上に及ぶ本プログラムの実施経験の集大成である。

> 個別のスライドに関してよくある質問は、各スライドの下部、発表者用ノートに記載している。また、質問に対する標準的な回答も併せて記載している。
>
> 特定のスライドではなく、プレゼンテーション全般に関してよくある質問については、本ガイドの後半に記載している。難しい議論の例も併せて記載している。

スライド１

バイアス習慣を断つ
WISELI
Women in Science & Engineering Leadership Institute
University of Wisconsin-Madison
©2012 WISELI、
ウィスコンシン大学機構理事会

スライド２

スライド3

潜在的バイアスに関する知識：潜在的バイアスとは何か、どこから生まれたのか、男女の間にどれほど浸透しているのか。

スライド４

本ワークショップの所要時間は約２時間半で、間に３～５分ほどの小休憩を挟みます。３つのモジュールに分かれた構成になっています。

お手元のファイルにはこのプログラムで使うワークショップ教材が入っています。それ以外にも講演で取り上げた研究の引用文献や用語の語録など役立つ資料が入っています。

スライド５

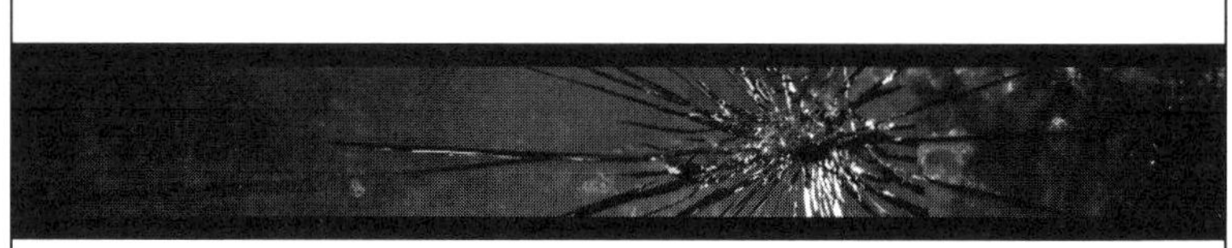

ご自分の専門分野や職場環境における

ジェンダー公正をどのように定義しますか？

本ワークショップの目的はジェンダー公正を促進することです。そのためにまず、みなさんの職場におけるジェンダー公正の定義を考えてみてください。

［**グループディスカッションの進行**：参加者にペアになってもらい、1分ほど使ってジェンダー公正の定義をそれぞれ考えてもらう。

1分後、自分が考えた定義を大きなグループに共有してくれる人がいないか聞いてみる。ここでもディスカッションに1、2分ほど使う。

もし誰かが「ジェンダーブラインド」に言及したら、その考えを一旦止めるように言い、モジュール3でこの概念に戻ることを伝える。］

スライド6

私たちの定義は、クオータや一定の女性割合の達成ではなく、機会の平等に関するものです。

ジェンダー公正とは基本的に男性も女性もアカデミックな環境が提供可能な全て、つまり、教育、雇用、成功、出世、評価、報酬、満足について平等な機会を享受することです。

スライド7

課題は何か？

- 1972年以降、STEMM分野に女性を多く呼び込むことに成功[1,2]
- 各キャリアステージでSTEMM分野を離れる女性が偏って多い[1,3]
- 女性人材の過度の損失＝人的資本の無駄、経済的脅威（NSF[4], NAS[5], NIH[6]）

[1] Association of American Medical Colleges. 2007. 2008, 2009
[2] National Science Foundation, 2007
[3] Nelson. 2007
[4] National Science Foundation, 2006
[5] National Academy of Sciences, 2007
[6] National Institutes of Health. 1995, 2009

これがアカデミックな場におけるジェンダー公正の合理的な定義であると賛同いただけるのであれば、教育改正法第9編（タイトルIX）が制定された1972年以降、女性を惹きつけることに大きく成功してきたエビデンスが多くあることにも同意していただけることと思います。覚えておられるかと思いますが、タイトルIXは、連邦政府の助成を受ける高等教育機関が女性を差別することを禁じています。少なくとも女性の人材供給（人材パイプライン）の初期のステージでは、全てのSTEMM領域（科学、技術、工学、数学、医学）において女性の割合は2桁以上を占めました。つまり最初の段階では大きな成功を収めているのです。

しかし、私たちの定義するジェンダー公正が未達成であることを示すエビデンスも多く存在します。その1つが、各キャリアステージでSTEMM分野を離脱する女性が偏って多いという事実です。

この過度な離脱については、米国国立科学財団（NSF）や米国国立衛生研究所（NIH）、全米アカデミーのような権威ある機関も人的資本の無駄であるだけでなく、進みゆく知識集約型かつテクノロジー主導のグローバル経済である我々の国の経済的活力に対する大きな脅威であると、大きな関心を寄せています。

スライド8

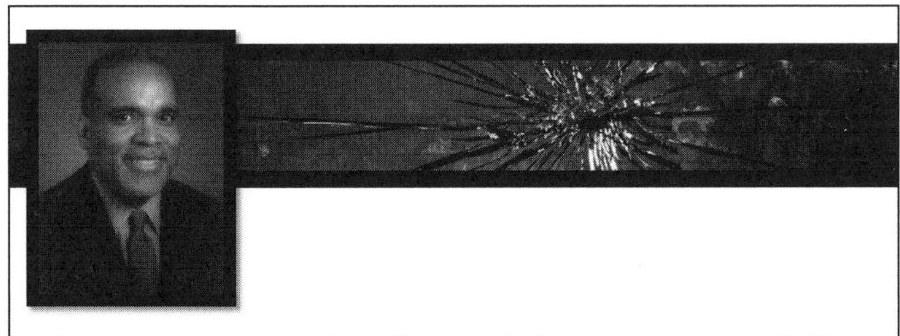

「この国には、科学と衛生研究を発展させる可能性を持つ人を一人も失う余裕などない……」

レイナード・キングトン医学博士
米国国立衛生研究所副局長 2008 年

レイナード・キングトン Raynard Kington 博士が米国国立衛生研究所の副局長であった時に言っていたように……

「この国には、科学と衛生研究を発展させる可能性を持つ人を一人も失う余裕などありません。」

スライド9

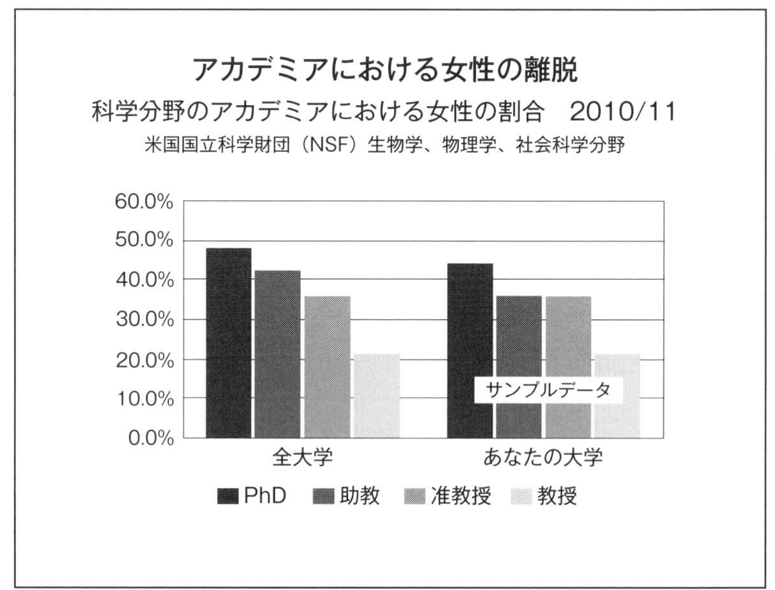

全ての領域において、指導役としての職階が上がるにつれ、女性の参画が全体的に減少していることが分かります。数十年にわたって最高学位を持つ女性の数が十分あった分野も例外ではありません。

上記のデータの出典は以下の通りです。

PhD のデータ：2011 年博士号取得者調査より
http://www.nsf.gov/statistics/sed/2011 /data_table.cfm（表 6）.

PhD (ENGR) のデータ：ASEE ウェブサイトより
http://www.asee.org/papers-and-publications/publications/college-profiles/2011-profile-engineering-statistics.pdf（25 ページ）.

MD のデータ：AAMC ウェブサイトより
https://www.aamc.org/download/321532/data/2013factstable27-2.pdf（表 27）.

「NSF」教員のデータ：2010 年博士号授与者調査より
http://www.nsf.gov/statistics/wmpd/2013/pdf/tab9-25.pdf（表 9-25）.

「ENGR」教員のデータ：ASEE ウェブサイトより
http://www.asee.org/papers-and-publications/publications/college-profiles/2011-profile-engineering-statistics.pdf（29 ページ）.

「AAMC」教員のデータ：AAMC ウェブサイトより
https://www.aamc.org/data/facultyroster/reports/272016/usmsf11.html（表 13）.

スライド 10

すぐ思いつくような答えは間違っている

多くの分野において女性の人材パイプラインの問題ではない	• 1980 年以降、医学部入学者の 30% 以上が女性 • 1995 年以降、バイオ／行動科学分野の PhD 取得者の最大 50% が女性
能力の欠如ではない	• 女性科学者・技術者がブレークスルーやイノベーションに貢献している (National Academy of Science, 2007) • リーダーシップの効果の男女差はほとんどない (Isaac et al., *Journal of Women's Health* 2010; *Eagly et al., Psychological Bulletin* 2003; Rosser; Equity a Excellence in Education 2003)
関心やコミットメントの欠如ではない	• 医学部の男性教員と女性教員はキャリアアップに対して同等のコミットメントと関心を示している (Shollen et at., *Academic Medicine 2009; Wright et al.. Academic Medicine* 2003; Broaddus& Feigel, *Chest* 1994)

工学、物理学、コンピューターサイエンスの分野では、女性の人材パイプラインの問題でもあることに留意してください。

スライド 11

裏付けとなるエビデンス

- 「ゴールドバーグ」デザインが明らかにしたのは、評価者のジェンダーにかかわらず、女性が行った仕事は男性の行った仕事よりも質が劣ると評価されることであった。(Isaac et al., *Academic Medicine* 2009 中でレビュー)
- 科学分野の教員は同じ業績を持ちより好感が持てると感じる女子学生よりも、男性応募者の方がより能力が高く、雇用可能性も高く、指導を受けるに値し、より高い給与に見合うと評価した。(Moss-Racusin et al., *Proceedings of the National Academies of Science* 2012)
- NIH 助成タイプ 2（継続）R01 の金額にも格差がある。(Ley & Hamilton Science 2008; Pohlhaus et al., *Academic Medicine* 2011; NIH, 2014)

NIH に R01（独立研究者主導型グラント）を申請した女性医師や科学者が実際に助成を獲得する可能性は男性と比べて極めて低くなっています。

著作物（原稿、履歴書、助成金申請書など）に男性と女性の名前をランダムに付与する「ゴールドバーグ・デザイン」を用いた実験的研究はこれまで多くなされてきました。30 年以上、基本的には変わらず、一貫した結果が見られますが、それは、評価者が男女どちらであっても、その著作物の作成者が女性だと思うとその質を低く評価してしまうということです。次のモジュールでは、どうしてこういったことが起きるのか考えてみましょう。

近年の 2012 年の研究では、科学分野の教員もこうしたバイアスとは無縁ではないことが明らかになっています。この研究は、化学・物理・生物学科・専攻の現在の教員を対象に実施されたものです。

スライド 12

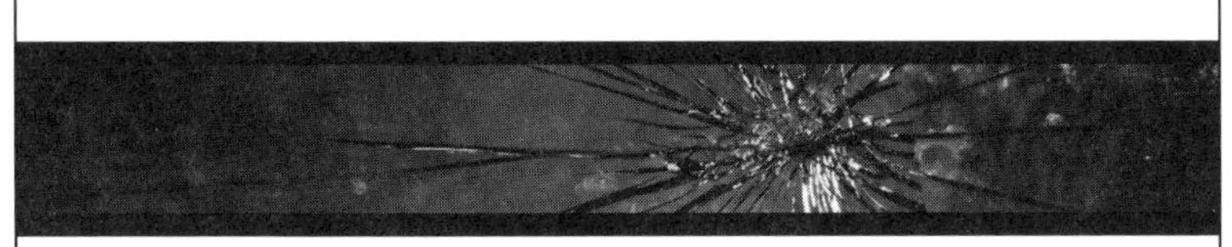

自分の所属する学科・専攻や専門分野でジェンダー公正を実現した場合の利点を 3 つ述べてください。

次に進む前に、あなたの学科・専攻や専門分野全体がジェンダー公正であった場合の明らかな利点を３つ考えてみてください。

［**グループディスカッションの進行**：参加者に再度ペアになってもらい、自分の学科・専攻や専門分野全体がジェンダー公正であった場合の明らかな利点を３つ考えてもらう。

１分後、考えてもらった内容を大きなグループ全体に共有してくれる人がいないか聞いてみる。ディスカッションに１、２分ほど使う。その際、以下に言及する。

- 学生や研修医のロールモデルとしての女性教員の重要性。ロールモデルは、メンターシップとは異なる。男性・女性ともによいメンターになれるが、ロールモデルの場合は女性が担う様々な社会的役割を内包している。女性教員は複数の役割管理においてメンターとなることができる。
- 女性の教員および大学院生を惹きつけると、人材を最適に確保することができる。
- 先行研究によれば、男女双方が働いている環境下では、人員削減に対する不安を訴えることが少ない。］

スライド13

なぜ未だに公正を実現できていないのでしょうか？

「人材が不足しているのではない。女性のアクセスと昇進を妨げているのは、無意図的なバイアスと時代遅れの組織構造である。」

National Academy of Sciences, National Academy of Engineering, and Institute of Medicine of the National Academies, *Beyond Bias and Barriers* 2007

ジェンダー公正は良いことであり、実現したいことであるはずなのに、なぜいまだに達成できていないのでしょうか？

米国科学アカデミーはこの問いに対する答えを見つけるためタスクフォースを招集し、幅広い分野の研究を精査しました。その出版物『バイアスと障壁を超えて（*Beyond Bias and Barriers*）』において米国科学アカデミーが結論付けたのは、我々と同様、「人材が不足しているのではない。女性のアクセスと活躍を妨げているのは、無意図的なバイアスと時代遅れの組織構造である」ということでした。

スライド 14

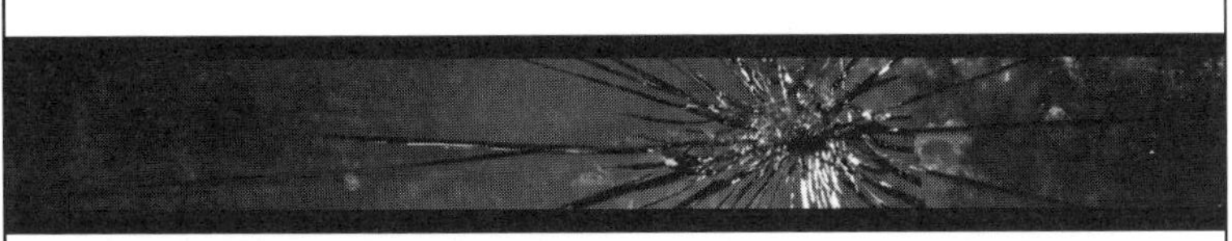

モジュール 1

習慣としての潜在的バイアス

無意図的なバイアスの根源を理解する

スライド15

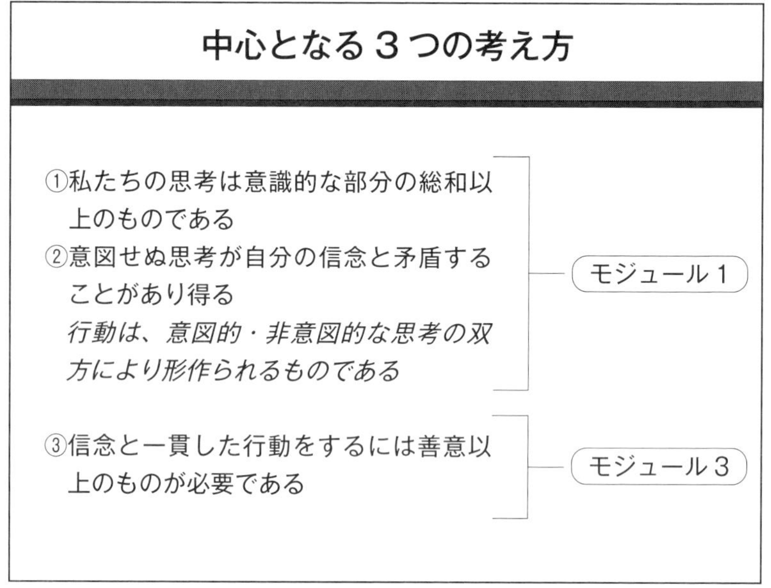

このモジュールを始めるにあたって、この３つの中心となる考え方を念頭に置いてください。

１つ目は、私たちの思考は、意識的な部分の総和以上のものであるということです。

２つ目は、意図せぬ思考が自分の信念や価値観、意図と矛盾することがあり得るということです。そしてそこから導かれるのは、行動とは意図的・非意図的な思考の双方により形作られるものであるということです。

最後に、自分の信念や価値観と一貫した行動をするには、善意以上のものが必要になってくるということです。

モジュール１では、この１つ目と２つ目のポイントを広げ、我々のこうした思考の習慣がどのように生じ、それが偏った認知や思考、ふるまいの原因になるのかを理解します。

モジュール３では、自分の信念と一貫した行動をするには善意以上のものが必要になるという点について再検討し、これに対処する上でのアドバイスを提示します。

スライド16

思考の習慣としてのバイアス

我々の普段の心的活動は、多くの状況下でうまく機能してくれるが、*自分の意図に反したり、間違ったり*することもある。

「思考の習慣」というメタファーを使って、ここでは思考の習慣としてのバイアスについて見ていきましょう。

この考え方を理解するには、多くの状況下でうまく機能してくれる我々の普段の心的活動が、時には自分の意図に反したり、妨げになったりすることを知っておくことが重要です。

スライド 17

重要なプロセス

- 外の世界を自分の内面の心的体験に変換する
  経験と期待による導き
  認知、判断、行動への影響

- この変換プロセスはいつも間違いを生じさせないというわけではない
  経験から生じた様々な思考の習慣によって、現実から経験が切り離される

物にしろ人にしろ、我々が外の世界と交わる際に何が起こるか考えてみましょう。外の世界を内面の心的体験や表象に変換するという重要なプロセスが行われます。この変換プロセスは、我々の経験と期待によって導かれるものです。例えば、みなさんは「テーブル」のことはよく知っていますよね。我々はこれまでの経験から、テーブルには天板と脚が４本あることを期待します。そして、本のような物を載せられるだろうと考えます。もしテーブルにキャスターがついていて、それに座りたいと思うようなものであれば、そのテーブルの扱いには慎重になるかもしれません。つまり、我々は基本的には経験と期待に影響された複雑な変換プロセスを行っているのです。

しかしここで、この変換プロセスがいつも間違いを生じさせないというわけではないことを理解することが重要です。これは自分の認知や判断、行動の影響を受けているためです。

ゆえに、ここで鍵となるのは（普段どのように我々が世界と関わっているかという）経験から生じた多様な思考の習慣が存在し、それは現実から経験を切り離してしまうということです。これは自動的で習慣的なプロセスなのです。

スライド 18

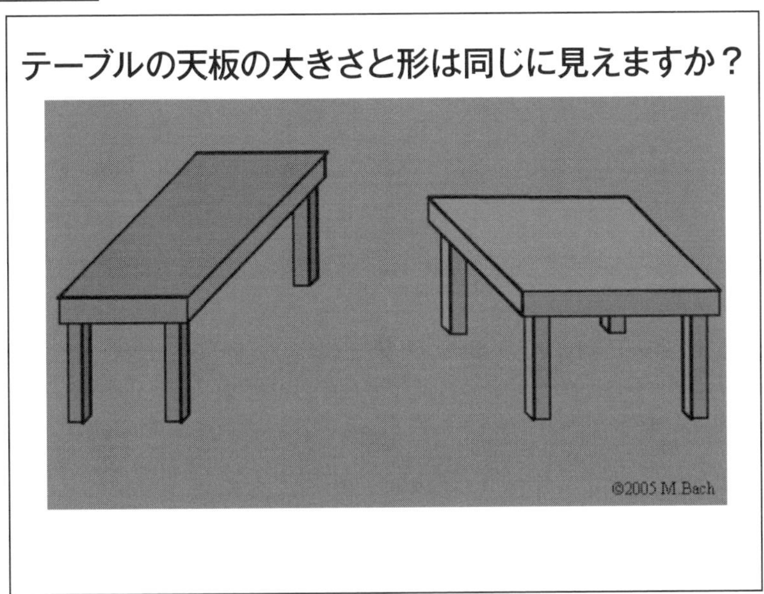

スライド19

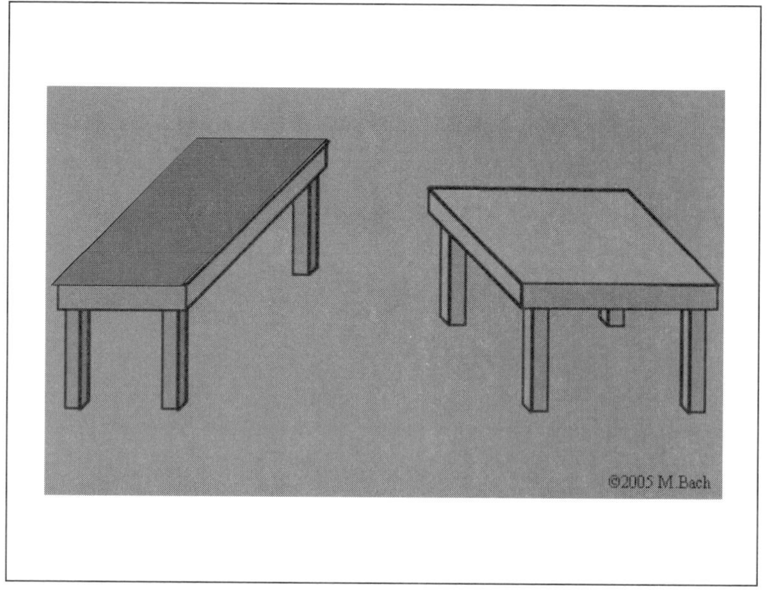

何回かクリックすれば、証明できます！

スライド 20

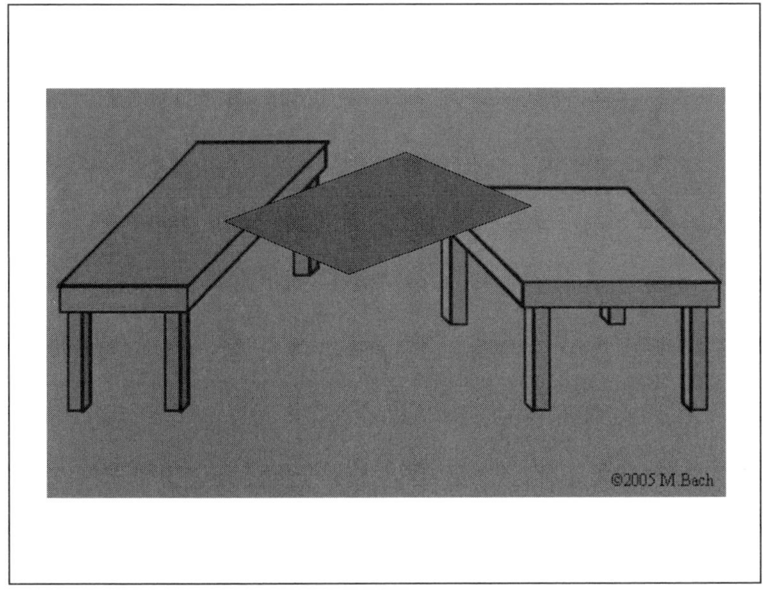

スライド21

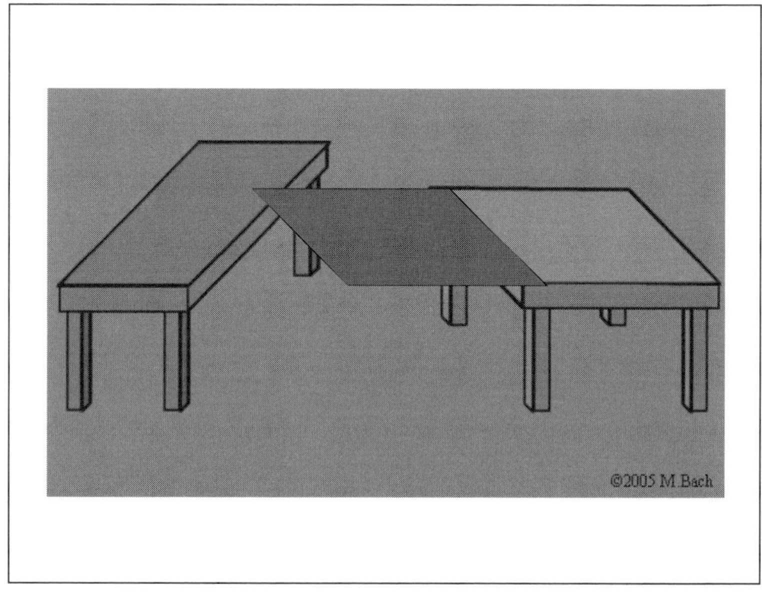

ご覧の通り、天板の大きさは同じです。

「コンピューターの仕掛けだ」と思われる方は、ぜひご自分でこの視覚の問題を解いてみてください。お手元の透明シートを使って、テーブルの天板を重ね合わせてみてください。

スライド22

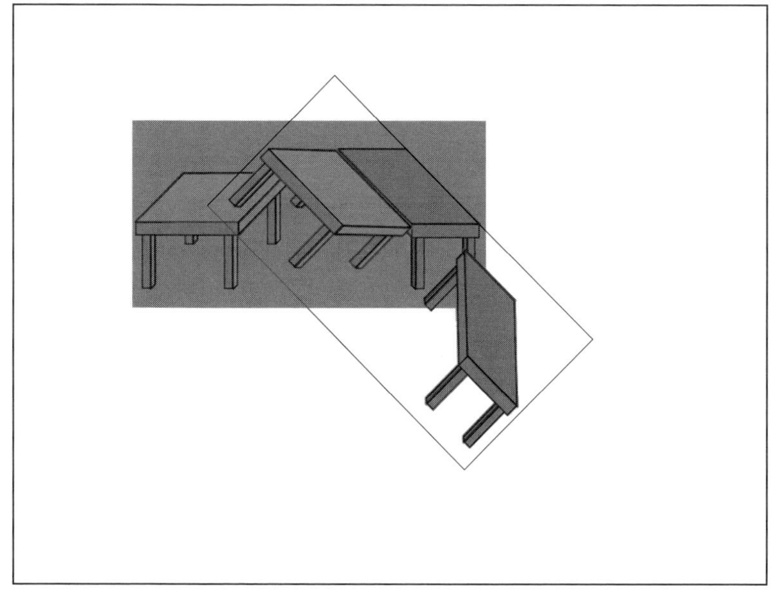

紙を傾けて、もう１つの方に重ね、天板を並べてみてください。驚きましたか。全く同じ寸法なのです！

我々がしたことは、物体が奥に向かって伸びているだろうという経験に基づいて、この視覚的場面に解釈を押し付けたのです。決して意図的に行ったわけではありません。素早く、無意図的に、あまり考えずに行ったのです。

スライド23

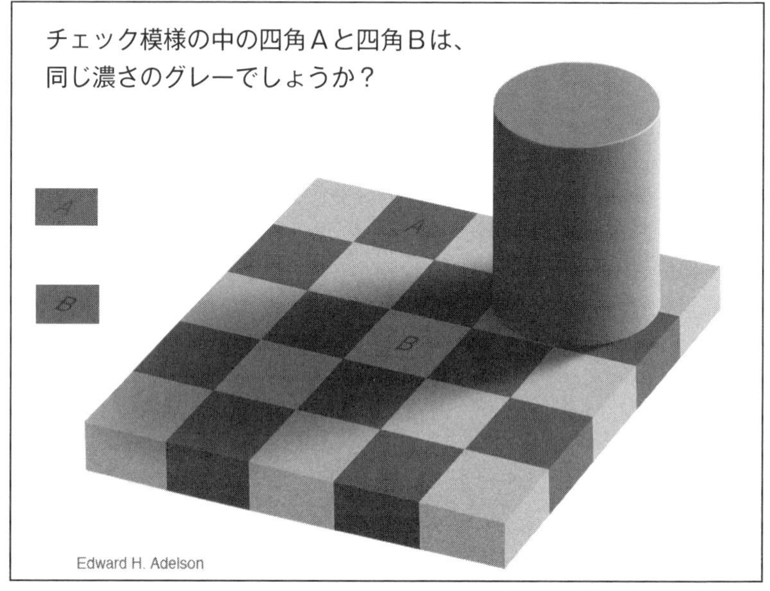

別の目の錯覚を試してみましょう。チェック模様の中の四角Aと四角Bは、同じ濃さのグレーに見えますか。見えないと思います。Aのほうが、Bより濃く見えると思います。

スライド 24

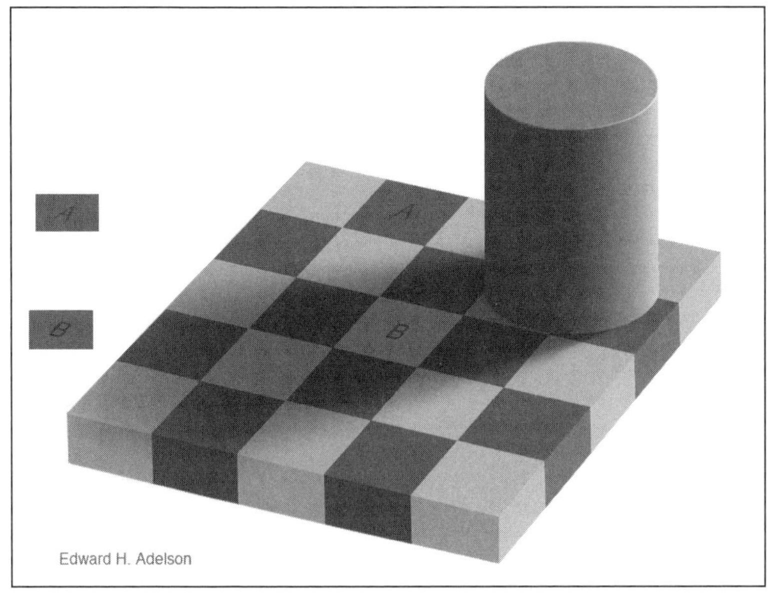

四角 A と B を左側に置いてみると、同じ濃さのグレーに見えますか。ほとんどの人が同じ色に見えると答えると思います。

スライド 25

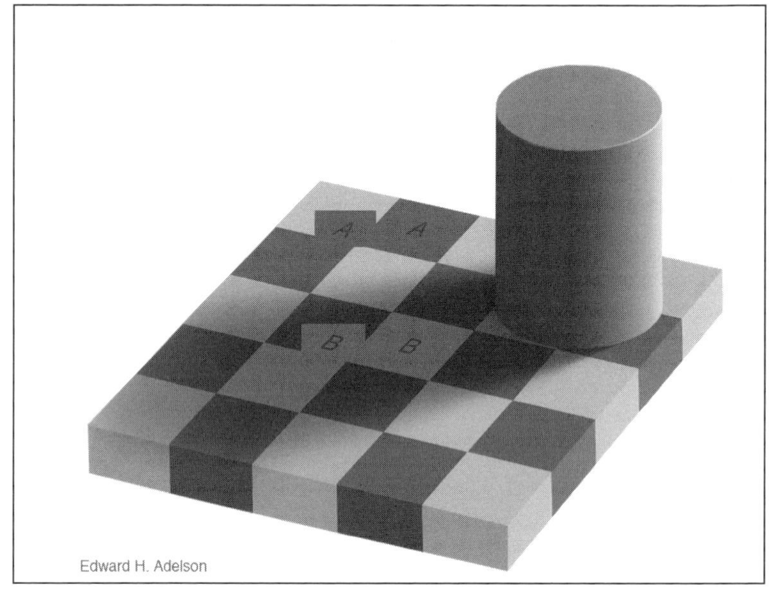

しかし、左側に置いた四角を動かし、チェック板の上の四角AとBに重なるように戻すと、これらの四角は両方とも同じ濃さのグレーに見えます。

スライド 26

「ストループ効果」と色名呼称課題

一致試行 （単語と同じ色がついている）	不一致（妨害）試行 （単語とは異なる色がついている）
赤（あか）	赤（あお）
黒（くろ）	黒（きいろ）
茶（ちゃ）	茶（みどり）
緑（みどり）	緑（ちゃ）
黄（き）	黄（くろ）
青（あお）	青（あか）

（ふりがなは文字の色を示している）
(Stroop, *Journal of Experimental Psychology* 1935)

この課題はまさに我々の経験が意図に干渉することがあるということを示すものです。

「ストループ効果」はジョン・リドリー・ストループ John Ridley Stroop が 1935 年に発表しました。これは、課題の反応時間における干渉を示しています。この課題では、単語の持つ意味は無視して、単語の文字の色を呼称するよう求められます。まず左の列からスタートし、各単語が印刷されているインクの色をできるだけ速く口に出して言ってみましょう。

明らかに簡単ですよね。それは単語と色が一致しているからです。

それでは、単語と色が一致しない場合はどうでしょう。右側の列に移り、リストの上から各単語が印刷されているインクの色をできるだけ速く口に出して言ってみましょう。

反応しようとするときに干渉を感じましたか。最初の直感は（あなたがネイティブスピーカーだった場合）単語を読み上げることです。我々は子どものころから読んできましたので、これは習慣的な反応です。この習慣的反応は、例えば、運転中に「橋閉鎖中」という標識が現れたときに非常に役立ちます。我々は瞬時に情報を処理し、適切な行動を取ることができます。

しかし、ストループ課題では、課題に対する反応における優勢反応を抑制するよう指示されます。ストループテストは実は個人の抑制能力を測定する物差しでもあるのです。

スライド27

これらの自動的で非意図的な潜在的プロセスに関していくつかのポイントがあります。

ここまで見てきた通り、潜在的プロセスは通常はうまく機能しますが、時に間違いも生じさせます。また、人は自らの思考の習慣を通して世界にフィルターをかけます。社会認知は対象認知に似ているので、特定の社会集団のメンバーを評価する際に自動的で非意図的なプロセスが展開され、それが実際、バイアスや差別につながる恐れがあります。これは、我々がその社会集団について学んできた文化的に広まっている態度が、他者の行為に対する我々の解釈や反応の枠組みや前提を提供するからです。そして、この枠組みや前提こそが、社会的ステレオタイプなのです。

社会的ステレオタイプは、それを我々が信じるか、支持するか、許容できると考えるかどうかにかかわらず、自動的で非意図的に作動し、評価や判断、そして他者に対する反応方法の基準になります。こうした非意図的な反応（潜在的バイアス）は、一部の社会集団が相対的に不利になってしまうように社会集団と特性を結びつける傾向にあります。女性のステレオタイプについて考えてみてください。そのステレオタイプは、成功した科学者のステレオタイプに当てはまるでしょうか。こうしたステレオタイプは女性科学者の評価にどのように影響を与え得るでしょうか。

様々な社会集団に一般に紐付けられた支配的なステレオタイプを学習せずに社会で育つのは非常に困難です。我々は、とても早い年齢でこうしたステレオタイプを学習します。3歳ほどの小さな子どもでも、ジェンダーステレオタイプについて話すことができます。我々は、こうしたステレオタイプ的な連想の妥当性を判断する能力を身につけるずっと前に、ステレオタイプを身につけているのです。これらのステレオタイプは我々の文化構造の中に埋め込まれているため、すぐに作動します。こうした潜在的バイアスが、意識的な信条と対立し得る偏見の習慣となるのです。

スライド28

自分の意識的な信念に相反するような一連の潜在的反応をしてしまう可能性を認識することは非常に重要です。こうした問題を理解することで、セクシズム、レイシズム、その他のバイアスが現代社会において減少したかどうかを論じる偏見に関する先行研究が内包するパラドックスを浮き彫りにすることができます。結局のところ、その答えは質問の仕方によって変わります。意識プロセスを選択するサーベイのような直接的手法を用いて人の信念を測定する場合、偏見は減少し続けており、1950年代や1960年代と比べて大きな進歩があったという結論になるでしょう。

一方で、意識プロセスを避ける間接的手法を用いて人の反応を見た場合、別の答えを得ます。間接的プロセスにはあなたが他の誰かとどのくらい距離を取って座っていたり立っていたりするかなどの非言語的行動の測定が含まれます。こうした間接的手法を用いた場合、意識的なレベルでは偏見を否定する人々の間ですら、偏見はまだ広く存在するという結論になるでしょう。

よくある質問：よく知らない人に対して警戒するというのは、人間が進化において獲得したことではないのですか。

回答：研究者の間でも、こうした反応がどれくらい進化を根源とする機能であり、どのくらい社会化の過程における機能なのかに関する議論がなされています。我々が議論しているのは、人々は差異をかなり認知してしまうということです。しかしここで重要なのは、進化した種である我々が、その差異に対して何を“行う”のかということです。例として、いかに女性が進化の中で子どもを産むよう準備され、いかに歴史的に家事を担ってきたかを考えてみてください。それでも女性は他の様々な分野でも優れた才能を見せ、そうした活動を追求したいという願望を表明してきました。我々は歴史的な役割を根拠として、女性たちの機会を否定してきたのです。仮にこれを進化上のプロセスであると信じるとするなら、我々は意識的な思考の力を持ってこれを乗り越え、変容を促すことができるでしょうか。

スライド29

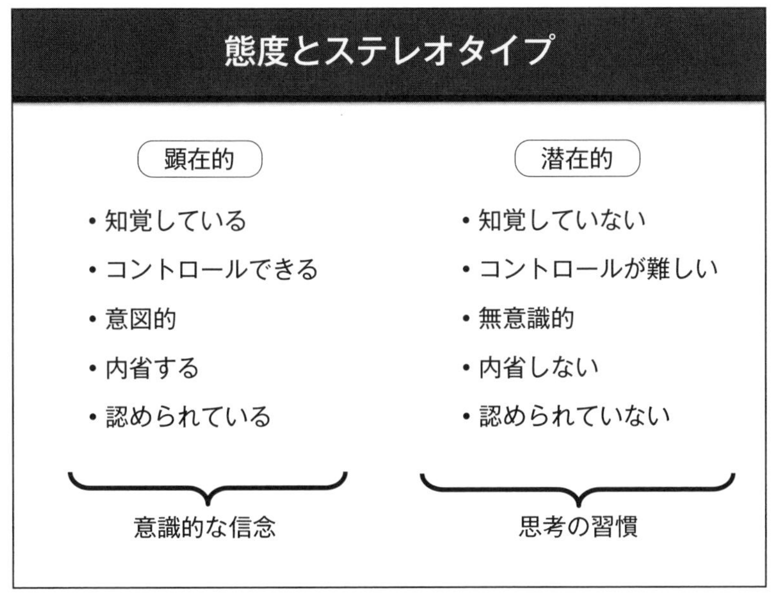

顕在的・潜在的プロセスを区別する性質について確認します。

顕在的プロセスは意識的に知覚しているものです。容易にコントロールでき、意図的な反応を反映しています。内省しやすく、自分の信じる信念を反映する傾向にあります。

反対に潜在的プロセスの場合、相対的に知覚しないプロセスです。コントロールもより難しく、無意図的な反応を反映します。内省しづらく、自分の信じる信念を反映することもそうでないこともあります。

ここでは、顕在的反応を意識的な信念と呼び、潜在的反応を思考の習慣と呼びたいと思います。

注目していただきたいのは、多くの人にとって、思考の習慣が意識的信念や価値観と食い違ったり相反したりすることがよくあるということです。それゆえ、意識的な信念と無意識的な信念の間には断絶があるのです。

スライド30

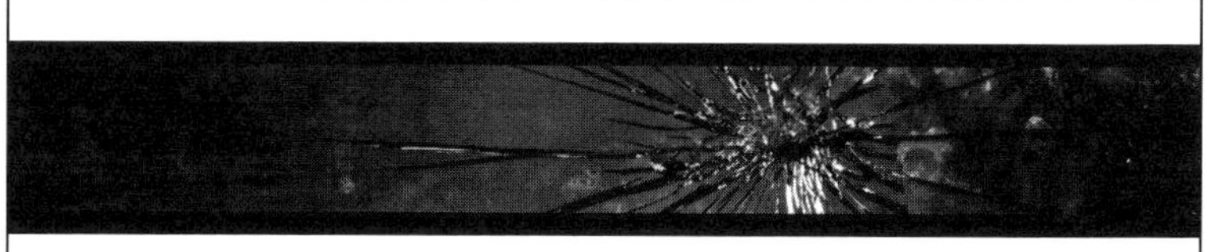

潜在連合テスト
(IAT：Implicit Association Test)

近年大きく進歩したことの1つは潜在的バイアスを映し出す手法の開発です。こうした手法が登場する前は人の潜在的反応を測るために対人距離やアイコンタクトといった間接的指標を用いる必要がありました。過去20年にわたりより直接的な手法の開発に多くの労力が注がれてきました。潜在連合テスト(Implicit Association Test)、略してIATは現在活用できる多くの手法の1つです。みなさんもこのワークショップに先立ってテストを受ける機会があったことでしょう。

［**グループディスカッションの進行**：IATの背後にある理論を説明する前に、ご自分のIATの体験や反応について共有したい方やこの手法に関して質問がある方はいらっしゃいますか。］

よくある質問：最初に男性とリーダーをペアにし、次に女性とリーダーをペアにした場合（またはその逆の場合）、問題はありますか。

回答：重要な点をご指摘いただきました。訓練の順番の効果を反映したデータを集めているだけでは、それは有用な手法とは言えません。IATに関しては複数のパラメーター研究が行われていますが、課題をこなす上での順番（男性的な名称とリーダーを示す単語をペアにし、女性とサポーターを示す単語をペアにする場合と、女性的な名称とリーダーを示す単語をペアにし、男性とサポーターを示す単語をペアにする場合）は関係ありません。

よくあるコメント：サポーター的役割を示す単語として使われていたものの一部に賛成できません。「サポーティブ（支援的）」であることは、リーダーに求められる特性の１つだと思います。

回答：男女ともに一般的に別のジェンダーに紐付けられる特性（面倒見がいい男性、アグレッシブな女性など）を示すことがあるまさに現実の世界のように、現実のリーダーも行動指向型と支援型の両方の特性を示すことがあります。実際のところ、両方を備えたリーダーの方が好ましいと思います。しかし、IAT はあくまで社会における支配的なステレオタイプに対応したものです。この社会では「リーダー」はステレオタイプ的に野心的で決断力があるといった単語により紐付けられる一方で、役立つ、思いやりがあるといった単語と紐づけられることは少ないです。端的に言えば、IAT はみなさんがどれだけステレオタイプに沿った思考をしているかを測るテストなのです！リーダーのステレオタイプに対して抵抗を感じていることこそ、あなたの無意識的連想と意識的信念に食い違いが生じていることを示しています。まさに私たちが伝えたいと思っているポイントです。

スライド31

IATのロジックをさっと見てみましょう。IATはワシントン大学のトニー・グリーンワルドTony Greenwaldが開発した手法です。グリーンワルドはIATはメンタルカテゴリー（この場合は「男性と女性」）と性質（この場合は「リーダーとサポーター」的役割）との連合の強さを測る指標になると論じています。

各メンタルカテゴリーと性質との連合の強さは、刺激に反応して素早く回答しようとする時間に反映されます。

IATには様々な種類があります。

スライド32

一致試行

以下の場合 「左」のキーを押す	以下の場合 「右」のキーを押す
リーダー または **男性**	**サポーター** または **女性**

グリーンワルドによれば、課題の一部は「一致試行」と呼ばれます。この場合、リーダー的役割と男性をペアにし、サポーター的役割と女性をペアにします。どうしてこれらが一致試行だと考えられているのでしょうか。これらは社会において男性と女性が歴史的に担ってきたステレオタイプ的な役割です。幼少期から青少年期を通じて、我々はこうした役割が男女に典型的に紐付けられていることを学習します。

その結果、思考の中でこれらのステレオタイプが確立するのです。このようなステレオタイプがすでに存在し、その連合も確立されているため、2つのカテゴリーの分類課題を行うとき、我々はステレオタイプ的なペアを比較的簡単に思い浮かべます。

スライド33

他方で、リーダー的役割と女性をペアにし、サポーター的役割と男性をペアにする場合、こうした連合は思考の中で確立されていないため「不一致試行」と呼びます。これらは我々の社会において一般的に紐付けられる役割ではありません。

先ほど紹介した、単語の表示色と単語の内容が一致していないストループの色名呼称課題と同様に、不一致試行を行うのはより難しいのです。我々はこうした課題を処理するとき時間がよりかかってしまいます。

スライド 34

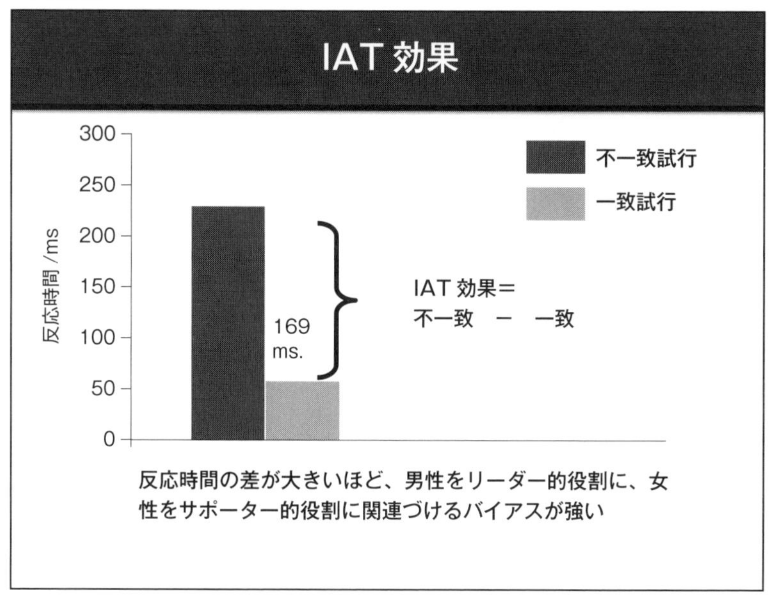

グリーンワルドは様々な類似研究を通じて、「IAT 効果」という現象を示しました。このグラフは一致試行と不一致試行を行った際の反応時間をミリ秒で示したものです。これまで数百にのぼる研究が、不一致試行を行う方がより時間がかかることを明らかにしてきました。「IAT 効果」とは、不一致試行と一致試行の時間差のことです。我々の研究では、反応時間の差がより大きいことは、男性をリーダー的役割に、女性をサポーター的役割に連想付けるバイアスが強いことを意味します。

ハーバード大学の Project Implicit（プロジェクト・インプリシット）のウェブサイトでは、人種、年齢、体重、宗教など様々な種類のバイアスを対象にした IAT テストを受けることができます。テストを受けることでプライドを傷つけられるかもしれません。

よくある質問：

1. 反応時間に違いがあり、自分の前提にバイアスがあると示唆された場合、自分の行動もそれに従っているというエビデンスはありますか。

回答：あります。反応時間の差があったとしても差別的な結果を生じさせていないのであればとくに気にしません。しかし、このようなタイプのバイアスがステレオタイプで見られてしまう集団のメンバーに対して機会を制限するような行為を引き起こすというエビデンスが蓄積されてきています。人種という文脈では救急医療室で命に関わるような治療を受けることができるかどうかに関わりますし、ジェンダーという文脈では採用面接に呼ばれるかどうかに関わります。

2. 私はフェミニストな家庭で育ちました。男性優位な結果が出た場合、人一倍恥じるべきでしょうか。

回答：これまでこのテストを受ける人々をたくさん見てきました。自分の信念に沿って回答しようとして、多くの人が自己修正したり、うめいたり、悪態をついたりしていました。これは単に我々みなが自分の意識的な信念と相反する潜在的プロセスを内包していることを強化しているにすぎません。

3. ステレオタイプに一致するペアが表示された際に意図的に遅く反応することでIATを「騙せた」人はいましたか。

回答：いましたが、テスト全体を通じて騙し続けるのは非常に難しいので、最終的なパターンはほぼ同じになります。

4. これは実際のIATスコアですか。

回答：いいえ、このグラフはIATスコア計算のプロトタイプを示した図で、実際のIATスコアに基づくものではありません。実際のIATスコアは回答エラーを考慮し、通常より遅い反応時間について調整を行って、実際のIAT効果を示すDスコアを作成します。

スライド 35

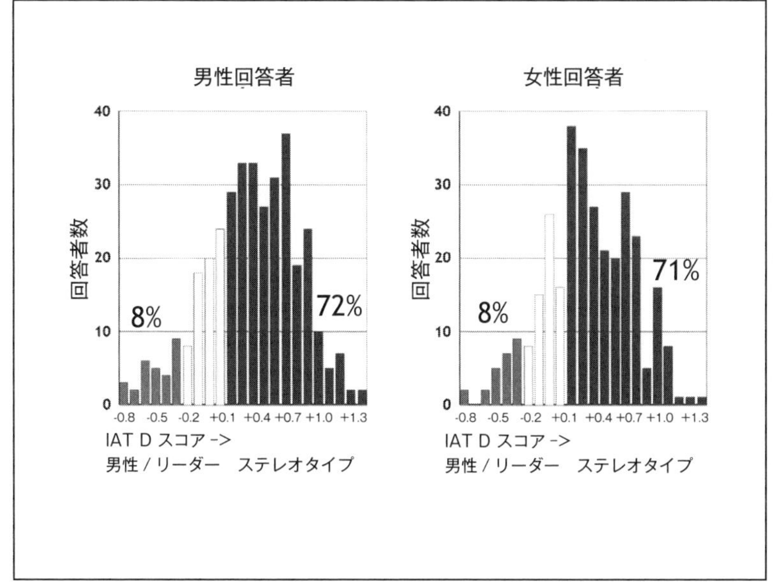

このグラフは、2010 年から 2012 年にかけてジェンダーとリーダーシップのIAT を受けたウィスコンシン大学マディソン校の教員のIAT の D スコアの分布を示したものです（Carnes et al., 2013、未発表)。スコアが高いほど、男性とリーダーを示す単語の連合が強いことを意味します。この研究では、男女の回答者のいずれも約 70% がこの連合を示したことをご確認ください。この種のバイアスは男性から女性に対し向けられるだけではなく、我々の社会においては男女が等しくこのような連想をしているのです。

スライド 36

潜在的バイアスの特徴をまとめる上でまず、その平凡さを強調したいと思います。潜在的バイアスは我々が社会を組織する上で役立つ連想を形成するという人の生来の傾向に由来します。

潜在的バイアスは文化を通じて習得されます。男女に紐付けられたステレオタイプを学習することなしに成長するのは非常に難しいことです。潜在的バイアスは我々の思考に「文化的な母印」を反映したものだと主張する人もいます。

潜在的バイアスは広範に存在しています。先のスライドでご覧いただいたとおり、男女の約 70% がこうしたバイアスを持っています。黒人と白人、若者と老人など、潜在的バイアスは広く存在しています。

最も重要な点として、潜在的バイアスが意識的に支持する信念と矛盾することがよくあります。実際、意識的な信念と潜在的プロセスには断絶（不一致）が存在しているのです。

スライド37

潜在的バイアスの特徴

⑤ **結果予測的**

顕在的指標より行動予測の上で優れている（相反することも多い）

潜在的バイアスの標的となる人の機会を制限する

ここで重要な点は、こうしたバイアスは結果予測的であるということです。これらは我々の意識的な信念よりも（相反することも多いですが）行動を予測する傾向にあります。そしてその働きにより、バイアスの標的となる人の機会を制限してしまうことがあります。例として、自分のジェンダー、人種、その他の属性によって、指導的立場を与えられなかったり、学術的業績が不利な評価を受けたりしてしまうことについて考えてみてください。

スライド 38

このモジュールの最初にお伝えした、中心となる３つの考え方に立ち戻ってみましょう。

最初の点は、我々の思考は意識的な部分の総和以上のものであるということです。もちろん潜在的プロセスが関与していることを指しています。

２つ目は、無意識的な考えが自分の信念と矛盾することがあるということです。これまで「習慣」というメタファーを用いて、我々の大多数が持つ潜在的な連想について表現してきました。

最後の点は、こうした習慣や連想を断つためには善意以上のものが必要になるということです。モジュール３では、こうした無意図的な連想を意識的な思考によって阻止するためのいくつかのテクニックを紹介します。でもまずモジュール２に進み、潜在的バイアスの裏側にあるいくつかの概念を見ていきましょう。

スライド39

次に進む前に、1つお伝えしたいことがあります。

ここ数年間で「偏見」に対する我々の考え方に劇的な変化がありました。

これまでの古い枠組みは「偏見は悪いものであり、バイアスを伴って考えたり行動したりしたなら、私は悪い人間である」という考え方に基づいていました。そして「あなたは差別主義者だ！」「同性愛嫌悪者だ！」と指差し糾弾してきました。

新しい枠組みは「偏見に基づく思考や行動は我々みなが持つ習慣であり、こうした習慣を断つには善意以上のものが必要である」という考え方に基づいています。

スライド 40

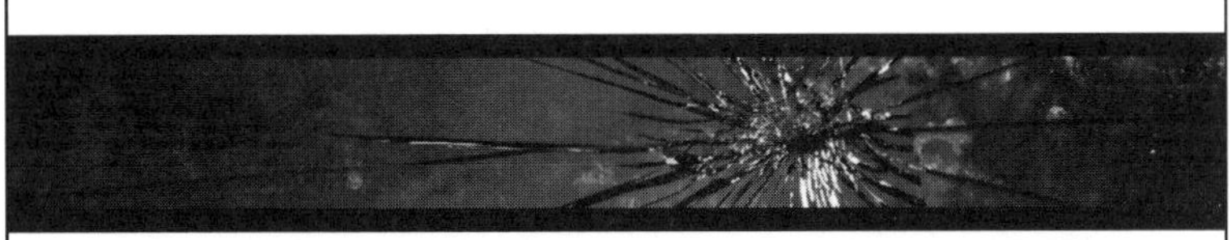

モジュール 2

職場における潜在的バイアスの特定

スライド 41

バイアス概念

① 期待バイアス
- 社会的カテゴリー
- ステレオタイプ
- 地位

② 規範的なジェンダー秩序

③ 役割適合または不適合

最初の３つの概念は関連しています。期待バイアス、規範的なジェンダー秩序、そして役割適合です。

期待バイアスを理解するには、まず我々はみな様々な社会的カテゴリーに属しているということを思い出す必要があります。例えば、ジェンダー、人種、宗教などはすべて社会的カテゴリーです。ある学科・専攻や組織の一員であるという事実はあなたを社会的カテゴリーに当てはめます。つまり、その集団内の他者とあなたには何か共通するものがあることを意味します。そして、その共通点からステレオタイプが生じるのです。このようにして意識は我々の社会を整理しているのです。

こうしたステレオタイプは期待バイアスを生じさせます。あなたが学会に参加し、そこであなたに会えることを知っている人がいた場合、その人はあなたに対して何かしらの期待を抱いていることになります。例えば、ウィスコンシン出身の人はチーズとグリーンベイ・パッカーズが好きだろうと期待されているわけです。

ここで重要なのは、我々の社会において、ある社会的カテゴリー（男性、白人、学歴の高い人など）はより高い地位にあることを認識することです。実証研究により、より高い地位集団のメンバーは、より幅広い分野の活動において能力があると考えられていることが繰り返し明らかにされています。我々は置かれている環境において、様々な形でこの現象を目にします。例えば、新人の医師はすでに20年間病棟に勤めている看護師の知識よりも多いわけではありませんが、医師は看護師よりも高い地位にあります。

そのため、我々の社会では、男性と、男性に紐付けられるモノは、女性と、女性に紐付けられるモノよりも高い地位が与えられていることを念頭に置くことが重要です。こうした背景をもとに、期待バイアスについて見ていきましょう。

スライド 42

期待バイアスとは、ある個人に対してその人が所属する社会カテゴリーのステレオタイプに基づき、特定のふるまいや特性を期待することです。

スライド 43

一般的な男性のステレオタイプとは？

典型的な男性に紐付けられる社会的ステレオタイプについて（それを認めるかどうかにかかわらず）考えてみましょう。

［**グループディスカッションの進行**：ステレオタイプについて発言するよう、参加者を促す。ためらいが見られる場合「一般的なステレオタイプとして、男性は道案内に疑問を持たないというのがありますよね」と言い、議論を始める。参加者が笑ったら、このステレオタイプがよく知られているからこそ面白く感じるということを指摘する。5つほどステレオタイプがあげられたら、「男性の社会的ステレオタイプにはポジティブなものとネガティブなもの両方がありますね」と言い、議論をまとめる。］

スライド 44

一般的な女性のステレオタイプとは？

それでは、典型的な女性に紐付けられる社会的ステレオタイプについて（それを認めるかどうかにかかわらず）考えてみましょう。

［**グループディスカッションの進行**：ステレオタイプについて発言するよう参加者を促す。5つほどステレオタイプがあがったら「女性の社会的ステレオタイプにはポジティブなものとネガティブなもの両方がありますね」と言い、議論をまとめる。］

ここでのポイントは、こうしたステレオタイプが存在することを我々が知っているということです。もちろんこれらのステレオタイプに合致しない男性や女性がいることも知っています。いずれにせよ、男女に関するステレオタイプは我々の文化に存在しているのです。

一般的に、男性のステレオタイプはAGENTIC（作動的）な特徴に関わっています。つまり、強く、自立的で、自信に満ちた態度という行動指向的なものです。そして、一般的に女性のステレオタイプは、育てる、支援的、暖かいといったCOMMUNAL（共同的）な特徴と関係しています。

スライド45

期待バイアスの例

社会的カテゴリー	ステレオタイプな特性
母親	家族第一、育てる
父親	家族を経済的に支える、責任がある
従業員	組織第一

期待バイアス：母親は家族を育てることが最優先であるため、理想的な労働者ではない。男性は家族を経済的に扶養する必要があるため、理想的な労働者である。

Correll et al., *American Journal of Sociology* 2007

シェリー・コレル Shelley Correll らによる実証研究によると、男女のステレオタイプに起因する期待バイアスは、雇用の場において誰かに不利に働き得ることが明らかになっています。

コレル博士が考えたのは、もし、あなたの母親に関する期待バイアスが母親は家族を育て家族を第一に考えることで、父親に関する期待バイアスが大黒柱であることならば、そして、あなたが理想的な従業員とは組織を第一に考えることだと思っているならば、父親は理想的な雇用者で、母親はそうではないという期待バイアスを持つことになるのではないかということでした。

コレル博士はこの仮説について偽の採用選考研究で検証しました。博士は中級レベルのマーケティングポジションに応募する志願者として、素晴らしい経歴の履歴書を作成しました。そして同じ履歴書に男性または女性の名前を割り当てました。さらに、男女の応募者にPTAのコーディネーターまたは町内会の資金調達担当者であると記述しました。PTAは志願者に子どもがいることを示唆するためのものです。

評価者には雇用に係る諸要素に基づいて履歴書を評価し、給与を提示し、採用するか判断するよう求めました。

コレルらは母親だと示された求人応募者の方が同等の職能を持つ子どものいない女性応募者と比べて低く評価されるだろうと予測しました。男性の場合、父親であることがより低い評価につながることはないだろうと予測しました。

スライド 46

指標	女性応募者	
	母親	非母親
能力	<u>5.19</u>	5.75
コミットメント	<u>67.0</u>	79.2
提示給与	<u>$137,000</u>	$148,000
採用が推奨された割合	<u>46.8%</u>	84.0%

下線＝統計的に有意

コレル博士の仮説は実証されました。母親に対する期待は労働者に対する期待と対立し、母親に対する採用上のバイアスが生じていました。

町内会の資金調達担当者であると履歴書に記載がある応募者と比べて、PTA のコーディネーターである女性の方が、能力が低く、コミットメントが弱いと評価され、採用される可能性も低く、採用となった場合でも提示された給与も低いという結果になりました。

有意水準は $p < 0.05$ または $z < 0.05$ です（z は採用したいと判断された割合に対するもの、p はその他の測定に対するもの）。

スライド 47

指標	男性応募者	
	父親	非父親
父親	5.51	5.54
コミットメント	78.5	74.2
提示給与	$150,000	$144,000
採用が推奨された割合	73.4%	61.7%

下線＝統計的に有意

反対に、男性はPTAに所属しているという記載が有利に働きました。町内会の資金調達担当者であると記載した応募者と比べて、PTAのコーディネーターである男性の方がよりコミットメントが強いと思われ、わずかに採用の可能性が高く、採用された場合の給与は最も高く提示されました。

有意水準は $p < 0.05$ または $z < 0.05$ です（zは採用したいと判断された割合に対するもの、pはその他の測定に対するもの）。

スライド48

概念2：規範的なジェンダー秩序

期待バイアスを超えて → 男女はどのようにふるまうべきか、どのようなふるまいをするべきではないかに関する考え方

- 男性は agentic（**作動的**）：判断力がある、競争的、野心的、自立的、リスクをとる
- 女性は communal（**共同的**）：育てる、優しい、支援的、共感的、従属的
- 規範的なジェンダー規範の違反に対する**社会的ペナルティ**

30年以上にわたり、複数の研究者による様々な研究で示唆されている (e.g., Bern, 1974; Broverman et al., 1970; Eagly & Koenig, 2008; Heilman et al., 2001, 2004, 2007)

それでは、2つ目のバイアス概念である規範的なジェンダー秩序に移りましょう。この種の期待バイアスは女性は共同的で男性は作動的であるという単なる**期待**を超えて規範性を帯びます。つまり、女性は共同的で**あるべき**であり、男性は作動的で**あるべき**である。そして反対に、女性は作動的すぎる**べきではない**し、男性は共同的すぎる**べきではない**ということです。

繰り返しますが、作動的な習性（通常、男性を連想させますが）は行動指向型の習性で判断力があり競争的で野心的、自立していてリスクをとるというものです。積極的にリスクをとることは男性を強く連想させます。そして女性は養育、優しい、支援、共感、従属といった共同的な習性が連想されます。

男性も女性もこうした規範的なジェンダー秩序を破った場合、社会的ペナルティを受けることになります。世の中にはこれらの規範を破った人々を指す言葉があります。作動的でない男性や共同的すぎる男性を指す言葉として「意気地なし（sissy）」、「弱虫（wimpy）」、「女々しい（effeminate）」などがあります。共同的でない女性や作動的すぎる女性に対しては、「生意気（bossy）」、「傲慢（domineering）」といった言葉があります。男女どちらに向けられたものであっても褒め言葉ではありません。

スライド 49

不連続的な職歴
男女に対する異なる推測

- 専門的な人的資源組織の職員 143 名が以下に関して応募者を評価した。
  - 職歴にブランクがない
  - 職歴が不連続的（9 カ月のブランクまたは 12 週間のブランクが 3 回ある）
- 男性のみがブランクによって不利になった

スミス Smith らの研究により、こうした規範性が採用の場で誰かに対し、いかに不利益を生じさせるかが明らかになっています。この場合は男性が規範的なジェンダー秩序によって不利になるケースです。

この研究はゴールドバーグ・デザインを用いたもので、報酬アナリストのポジションへの応募資料として、素晴らしい経歴の履歴書を作成し、ランダムに男性または女性の名前を割り当てました。さらにランダム化を行うため、履歴書には職歴にブランクがないものと、9 カ月のブランクまたは 12 週間のブランクが 3 回ある不連続な職歴のものを作成しました。

評価者は人事組織のメンバーであり、履歴書を評価する経験が豊富です。かれらは雇用に関係する諸要素について履歴書を評価し、応募者に関してコメントを書くように言われました。

その後、研究者らは書かれたコメントに関して内容分析を行いました。職歴にブランクがある女性応募者の場合、評価者はブランクを子どもに関連するものだと推測しました。採用検討を継続する可能性は実際のところ 3 回の 12 週間のブランクの方が高くなりました。おそらく女性応募者の育児期間が終了したものと評価者が推測したためだろうと思われます。

一方で、職歴にブランクのある男性の場合、評価者は「窓際族 deadwood」と書いていました。評価者はこの男性応募者が「与えられた仕事以上のことをしない平均的従業員」だと推測しました。男性は大黒柱であり、連続的に雇用されているだろうと想定するため、職歴のブランクは規範的なジェンダー秩序を破るものであるのです。全体として職歴に複数回のブランクがある設定の男性応募者の 40% に対し否定的なコメントがなされていました。

この研究が明らかにしたのは不完全な情報を与えられた場合、不足した情報を補うのはジェンダーステレオタイプであるということでした。認識すべき重要なことは、規範的なジェンダー秩序は看護や保育などのより共同的特性が求められる職に応募する男性に対しても不利に働く可能性があるということです。

スライド 50

概念３：役割適合／役割不適合

ジェンダー規範と職場における役割の適合（または不適合）

３つ目の概念は、職場におけるジェンダー規範に関するものです。役割適合または役割不適合とは、ジェンダー規範と職場における役割の適合（または不適合）です。

職場での役割を考えると、リーダーや科学者、医師など、多くの職種は作動的な性質を必要とします。男性に紐付けられる（男性を連想させる）ステレオタイプ的な性質（強い、自立的、権威ある）と、こうした役割に必要だと考えている性質はつながっているのです。

スライド 51

ちょっと、深く考えずに、典型的なリーダーに関するステレオタイプにはどんなものがあるか考えてみてください。

［**グループディスカッションの進行**：参加者にそれぞれの考えを発言してもらう。4つ、5つ発言が出たら、その多くの回答（例：決断力がある、ガツガツしている、積極的にリスクをとる、外向的、カリスマ的、自立している、強い、強引な）が、男性に紐付けられる行動指向型の作動的な性質であることを示す。］

スライド52

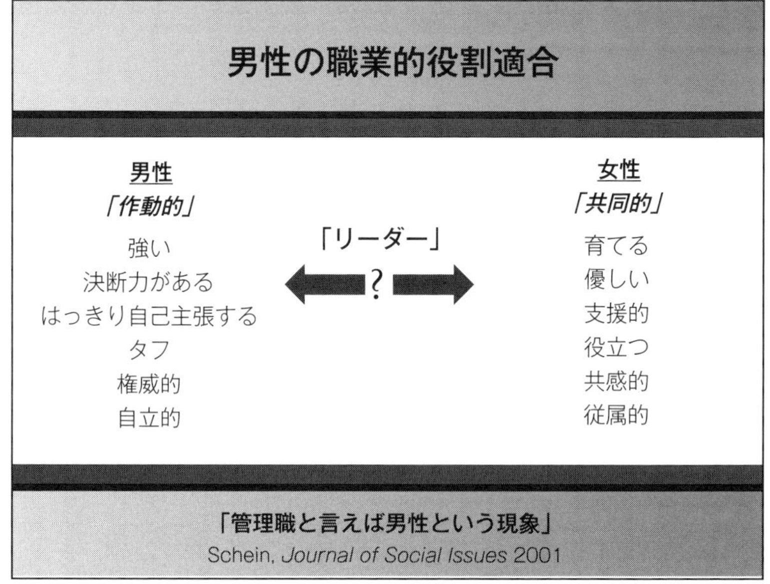

心理学者のバージニア・シェイン Virginia Schein が「管理職と言えば男性という現象」と名付けた通り、リーダーには作動的な習性が求められるという考えは強いです。シェインは米国、ヨーロッパ、アジアで調査を行い、リーダーシップと男性的な性質を結び付ける強いメンタルモデルがあることを明らかにしました。

あるスイスのグループが被験者に男性の写真を見せました。その写真の一部は予備テストでより男らしい見た目だとされたものでした。被験者は写真のみを見てリーダーシップの効果について評価するよう求められました。その結果、よりステレオタイプ的に男らしい見た目の男性の方がより効果的なリーダーだという評価がなされました（Sczesny et al., *Swiss Journal of Psychology* 2006）。

ここから、男性的特徴とリーダーシップには強固なつながりが存在することが示唆されました。しかし、効果的なリーダーに関する文献にあたると、最高のリーダーであるとされる「変革的リーダー」は、伝統的に男女それぞれの習性とされてきた両方を備えるだけでなく、ジェンダーニュートラルな習性も備えているのです。

スライド53

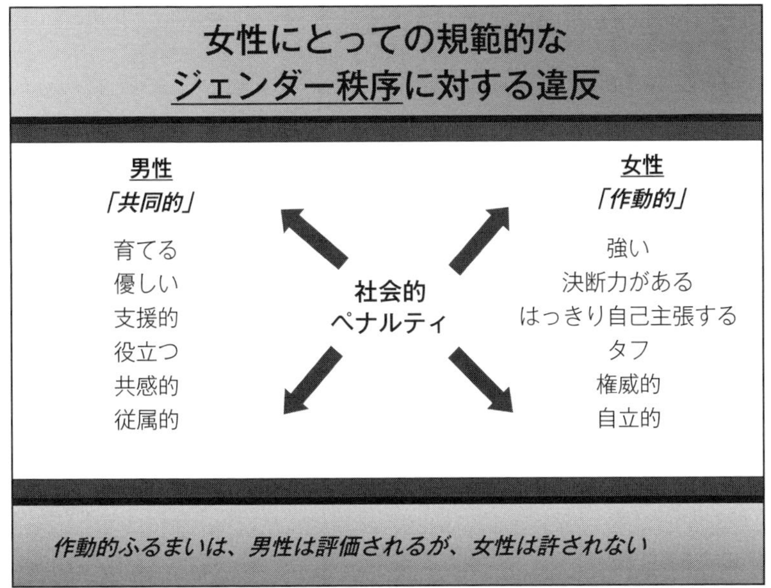

繰り返しになりますが、男性はリーダーシップのポジションに職業的な役割適合がありますが、女性はこのポジションに役割不適合があります。

加えて、作動的ふるまいを求める役割において作動的にこなす女性には、規範的なジェンダー秩序を破ったことによる社会的ペナルティを被る可能性があるのです。

スライド 54

ケーススタディ 1
人材の定着

これまでに触れた3つの概念（期待バイアス、規範的なジェンダー秩序、役割適合／不適合）に焦点を当て、実際の事例に基づくケーススタディを見てみましょう。事例はお手元のファイルに入っています。

スライド 55

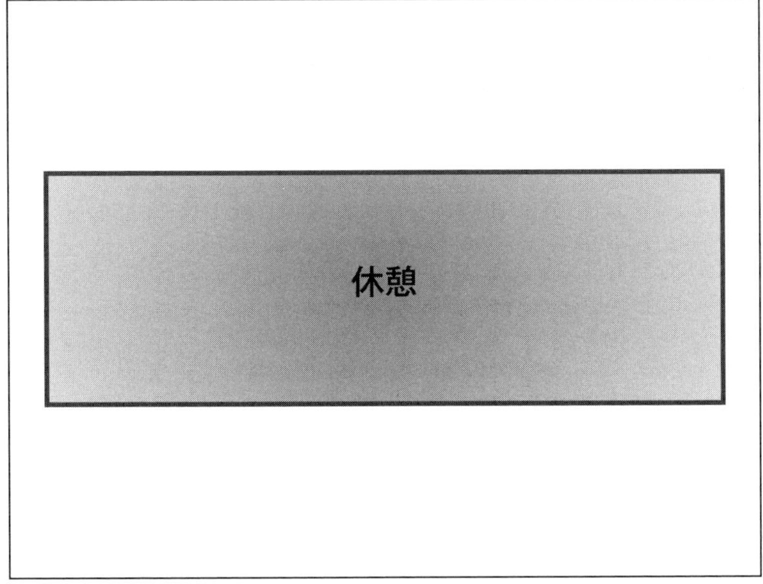

スライド56

それでは、このモジュールにおける残り3つのバイアス概念、すなわち、業績の再定義、ステレオタイプ・プライミング、ステレオタイプ脅威について見ていきましょう。後者2つの概念はステレオタイプの活性化に関係しています。

スライド57

概念 4：業績の再定義

ステレオタイプ適合グループに属する応募者にとって有利になるように、特定の業績に対する価値を無意図的に調整すること

▶採用判断は、差別的思考ではなく業績に基づいて行われている

▶従って、業績の再定義は何の気なしに差別を正当化する可能性がある

業績の再定義とは、ステレオタイプ適合グループに属する応募者にとって有利になるように、特定の業績に対する価値を無意図的に調整することです。したがって、一見、業績を考慮した上で採用判断をしたように見えても、何の気なしに差別を生み出してしまう可能性があるのです。

スライド 58

業績の再定義の例

調査研究：採用場面を模した２つの事例

- 同一の業績のある女性と男性の応募者
  1. 警察署長のポジション – 男性応募者に有利になるよう作られた基準（現場経験 vs 学歴）
  2. 女性学教授のポジション – 女性応募者に有利になるように作られた基準（活動家 vs 学歴）

Uhlmann & Cohen, *Psychological Science* 2005

ウルマンとコーエン Uhlmann and Cohen は、採用の場を模した2つの事例について調査を行いました。いずれもゴールドバーグ・デザインを用い、履歴書にランダムに男女の名前を割り当てました。

1つ目の事例は、伝統的に男性の仕事である警察署長の採用に関するものでした。応募者の名前のほか、つぎのレベルのランダム化として、現場経験の年数か正規教育を受けた年数のいずれかをより多く記載しました。この事例では評価者は学歴に対する価値を変更することで男性応募者が女性応募者より有利になるようにしました。つまり、被験者は学歴の高い男性応募者を検討する際は学歴の重要性をつり上げ、学歴が低い男性応募者を検討する際は学歴の重要性を下げていました。つまり、評価者はステレオタイプに一致するグループに属する人を採用するために、学歴資格の価値を再定義していたのです。

2つ目の事例は、伝統的に女性の仕事である女性学教授の採用に関するものでした。応募者の名前のほか、つぎのレベルのランダム化として、履歴書には応募者が純然な学者であるか活動家であるかのいずれかを記載しました。この事例では女性応募者が活動家であった場合に活動家的な性質がより重要であるという評価がなされました。

ここでもステレオタイプに適合する集団に属する人に有利になるように業績の価値が再定義されていたのです。

ウルマンとコーエンが述べた通り、「評価者は『業務をうまく遂行するための要素』についての自分の考えを、自分が採用したいと考える人のみが持つ業績に沿って定義していた」のです。

スライド59

ステレオタイプ・プライミングとは、単にステレオタイプを思い出させることです。このプライミングは起きていることに気づかないまま発生します。

ジェンダーステレオタイプを想起させる言葉、写真、メディアイメージに触れさせるだけで、男女の対象者に対する評価の仕方は影響を受けます。例えば、女性のステレオタイプを強化するような言葉に触れたあと、評価者は女性対象者に対してよりステレオタイプ的な女性であると評価します。男性のステレオタイプを想起すると、男性対象者に対してよりステレオタイプ的な男性であると評価するのです。

スライド60

ジェンダー・プライミングの例

従属的な単語に触れさせた被験者： 女性対象者をより従属的だと評価した 攻撃的な単語に触れさせた被験者： 男性対象者をより攻撃的だと評価した	Banaji et al., *Journal of Personality and Social Psychology* 1993
女性のステレオタイプなメディアイメージに触れさせた場合： 女性のステレオタイプを示す単語への反応時間が減少した	Davies et al., *Personality and Social Psychology Bulletin* 2005
役職名が「Chairman」vs.「Chair」の場合： 対象者がよりステレオタイプな男性の性質を持っているものと推測した	McConnell & Fazio, *Personality and Social Psychology Bulletin* 1996

バナージBanajiはジェンダー・プライミングを評価する初期の研究の1つを行いました。彼女は従属的な単語に被験者を触れさせた場合、女性対象者をより従属的だと評価することを明らかにしました。そして、攻撃的な単語に被験者を触れさせた場合、男性対象者をより攻撃的だと評価しました。

デイヴィーズDaviesは、女性のステレオタイプを想起させるようなTVコマーシャルを女性に見せた場合の影響を確認しました。あるコマーシャルは女性がホームカミング・クイーンになることを夢見ているもので、別のコマーシャルは新しいニキビ薬クリームに興奮した女性がベッドの上で跳ねているものでした。こうしたコマーシャルを女性に見せるだけで、女性とジェンダー・ステレオタイプの結び付きを測る（IATのような）2つの分類課題における反応時間が減少したのです。

マコーネルとファシオMcConnell and Fazioは「Chairman」など男性形の接尾辞が付く職業名の場合、接尾辞のない「Chair」などの名称と比較して、被験者が対象者をより男らしい性格であると解釈することを明らかにしました。つまり、この社会においてプライミングはとても簡単に、さりげなく、我々の気づかない間に発生し得るのです。

スライド 61

NIH ディレクターズ・パイオニア・アワードに意味的プライミングが見られるか？

2004	≧2005
対象とする科学者・研究の性質	
リスクテイキングが強調されている： •「リスキーだと思われるアイディアを探求する意思と能力のある優秀な人物」 •「……リスクを取る」 •「積極的にリスクを取る」 •「ハイリスク／ハイインパクトな研究」 •「知的なリスクを負う」 •応募 URL にも「ハイリスク」の文字が含まれる	リスクの強調が削除される： •「パイオニア的アプローチ」 •「これまでにないハイインパクトを生み出す可能性のある」 •「ハイインパクトを生み出す可能性のあるアイディア」 •「非常に革新的」 • URL からも「リスク」の文字が削除される

Carnes et al., *Journal of Women's Health* 2005

これは実験ではなく、ジェンダー・プライミングがその後の意思決定にいかに影響し得たかの実際の例です。

NIH のディレクターズ・パイオニア・アワードは 2004 年からあります。医学的研究を加速することを目的とした「生物医学研究のロードマップ」の一環として発足しました。パイオニア・アワードの受賞者は革新的な研究を行う研究者に対する支援として毎年 50 万ドルの助成金が 5 年間供与されます。アワードの 1 年目の結果から、意味的プライミングによっていかに審査員が男性応募者に有利な判断をしていたかが明らかになりました。

リスクテイキングは往々にして男性に関連付けられます。2004 年、助成金の公募資料と審査員への指示書にはいずれも「リスク」という言葉が何度も登場していました。例えば、NIH は「リスキーだと思われるアイディアを探求する意思と能力のある優秀な人物」に対して資金援助したい、喜んで「リスクを取る」科学者や「積極的にリスクを取る」科学者を助成したい、「ハイリスク／ハイインパクトな研究」や「知的リスクを負える」科学者を助成したいと書かれていました。応募の URL ですら「リスク」という言葉を含んでいました（www.highrisk.nih.gov）。

2005年以降、「リスク」の文字は消えました。NIHは「パイオニア的アプローチ」や「これまでにないハイインパクトを生み出す可能性のある」研究に助成したい、「強いインパクトを生み出す可能性を秘めたアイディア」や「非常に革新的」な研究を求めていると書かれました。さらに、URLからも「リスク」という言葉は削除され、www.roadmap.nih.govに変更されました。

「リスク」が消えたことで意味的プライミングの可能性もなくなりました。もう1つ大きな変化が起こりました。2004年には科学者に対する助成に焦点が当てられていましたが、科学者という言葉は男性に強く関連する語です。しかし2005年には、焦点が研究そのものになっています。「優秀なマインド」と「パイオニア的アプローチ」を比べてみてください。

スライド 62

NIH ディレクターズ・パイオニア・アワード

女性の受賞者		
2004	0/9	0%
2005	6/14	43%
2006	4/13	31%
2007	4/12	33%
2008	4/16	25%
2009	7/18	39%
2010	3/17	18%
2011	2/13	15%
2012	4/10	40%
2013	3/12	25%
2014	5/10	50%

実験ではありませんが、2004 年の受賞者のうち女性が一人もいなかったことは非常に興味深い点です。2005 年以降は受賞者の 15% から 43% を女性が占めています。

よくある質問：あとの年度の方が女性の応募者が多かったのではないですか。だから助成を受けた女性も多かったのだと思います。

回答：難しいところです。2004 年の応募者数全体は（男女合わせて）非常に多かった（約 1,300 名）ですが、女性の割合は非常に小さかったです。次年度以降、応募者数は少なくなりましたが（約 400 名）、女性の割合は高くなりました。したがって、2004 年に応募した女性の絶対数はそのあとのほとんどの年度と比べても多かったです（カーンズ Carnes の個人的な情報交換による）。

スライド63

概念６：ステレオタイプ脅威

ネガティブなステレオタイプを持つ集団のメンバーは、その集団への所属を想起すると、実際の能力を発揮できなくなる

最後のバイアスの概念はステレオタイプ脅威と呼ばれるものです。ステレオタイプ・プライミングにも関係しますが、ステレオタイプ脅威はステレオタイプ化された集団に属するメンバー自身のふるまいに関するものです。このケースでは、ネガティブなステレオタイプを持つ集団のメンバーはその集団への所属を想起させられると本来の能力と比べて低い能力しか発揮できなくなることがあります。

クロード・スティール Claude Steele によって 1990 年代半ばにステレオタイプ脅威が初めて紹介されてから 3,000 件以上の調査研究が行われてきました。ご興味があれば "reducingstereotypethreat.org" というウェブサイトにその多くが記載されていますのでご覧ください。

スライド64

概念6：ステレオタイプ脅威

数学における女性 vs 男性	e.g., Spencer et al., 1999; Shih et al., 1999; Danaher & Crandall, 2008
数学における白人男性 vs アジア人男性	e.g., Aronson & Lustina, 1999
スポーツにおける白人男性 vs アフリカ系アメリカ人男性	e.g., Stone, 1999
女性とリーダーシップ	e.g., Davies et al., 2005
女性と科学	e.g., Good et al., 2010

ステレオタイプ脅威を扱った研究は数多くあります。男子の方が数学能力が優れているという強固なステレオタイプが存在するため、その多くが数学における女性と男性を比較しています。受講した数学の授業の数を見ると数学能力に性差はないとした研究結果が出ているにもかかわらず、このステレオタイプは根強く残っています。

スペンサー Spencer の研究はこの脅威が持つ力を浮き彫りにしました。この研究では、難しい数学のテストを受けてもらう前に同じくらい高い能力を持つ男女に対しテスト結果にはいつもジェンダー差が出るということを伝えました。このケースでは女性は男性と比べ有意に成績が悪くなりました。テスト受験者に対しテスト結果にジェンダー差はないと伝えた場合には女性の成績は男性と同等になりました。この問題はアジア人女性の場合だとさらに興味深くなります。なぜなら、アジア人は非アジア人と比べ、数学能力が優れているというステレオタイプがあるためです。シー Shih らの研究では、アジア系アメリカ人女性は自分の人種が注目された場合はテストの点数が高くなり、自分のジェンダーが注目された場合は点数が低くなることが明らかになっています。

したがって、ささいなことに見えますが、こうしたプライミングは深刻な影響をもたらすものなのです。このスライドにある他の研究によれば、どのような社会的ステレオタイプであっても、ステレオタイプ脅威が引き起こされる可能性があることが明らかにされています。

この現象を説明しようとMRI（磁気共鳴映像法）を用いて男女の脳を比較するなど様々な試みがなされてきました。ステレオタイプ脅威は作業記憶を阻害し、ゆえにパフォーマンスを阻害しているのだと考える研究者もいます。近年、ステレオタイプ脅威がパフォーマンスだけでなく学習をも阻害することを示唆する研究もあります。

スライド 65

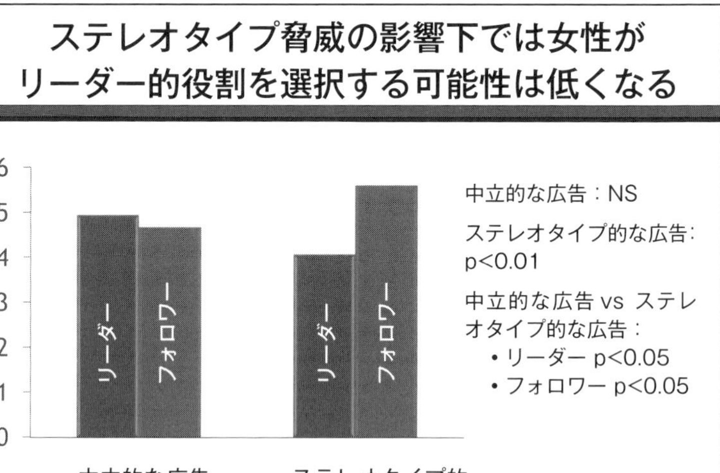

先ほど、ホームカミング・クイーンになることを夢見ている女性や新しいニキビ薬クリームに興奮してベッドの上で跳ねている女性などを描いたジェンダー・ステレオタイプ化されたTVコマーシャルを用いたデイヴィーズらによる研究を紹介しました。

デイヴィーズは被験者を２グループに分けました。１つ目のグループには携帯電話、ガソリンスタンド、薬局、保険会社に関する中立的な広告を見せました。２つ目のグループには女性のステレオタイプを反映した広告を見せました。視聴後、被験者はあるグループの問題解決課題についての文書を読み、リーダー的役割かフォロワー的役割のいずれかを選ぶよう指示されました。

中立的な広告を見せられた女性はグループ課題においてリーダーとフォロワーを選ぶ可能性が半々となりました。しかし、ステレオタイプ的な広告を見せられた女性は有意にフォロワー的役割を選ぶようになったのです。この研究が明らかにしたのは女性のステレオタイプを刺激することにより、それ以降の女性の判断が影響を受けるということでした。

男性被験者はこうした広告の影響を受けませんでした。

スライド 66

ケーススタディ 2
NIH グラント

それでは2つ目のケーススタディに移りましょう。これまで見てきた3つの概念（業績の再定義、ステレオタイプ・プライミング、ステレオタイプ脅威）に焦点を当てます。事例はお手元のファイルに入っています。

スライド67

これらの概念の中のバイアスは影響を受けやすい

期待バイアスを削減し、役割適合を進めるためには……	職務に求められる特定の能力と経験についてエビデンスを提示する（Heilman, *Organizational Behavior and Human Performance* 1984）
作動的な女性に対する規範的なジェンダー秩序の影響を軽減するためには……	女性リーダーの共同的な特徴にも言及する（例：「面倒見がよく、部下のニーズに敏感」など）(Heilman & Okimoto, *Journal of Applied Psychology* 2007)
業績の再定義が行われる機会を減らすためには……	応募者を見る前に業績の評価基準を確立しておく (Uhlmann & Cohen, *Psychological Seier.re* 2005)
ステレオタイプ脅威の影響を取り除くためには……	「この課題をこなす上で必要な能力にジェンダー差はありません」と言及する (Davies et at., *Journal of Personality and Social Psychology* 2005)
ステレオタイプ・プライミングの影響を軽減するためには……	ジェンダーステレオタイプ・プライミングを取り除く（例:男性と女性の両方が科学に従事している写真など）(Good et al., *Journal of Social Psychology* 2010)

重要なことは、潜在的バイアスの影響を減らすために我々にできることがあることを知っておくことです。

スライド68

写真の内容と生徒の性別によるテストの点数

写真の内容	女子生徒	男子生徒
男性科学者１人の写真が３枚(ステレオタイプ)	7.4 18人	9.0 7人
女性科学者１人の写真が３枚(反ステレオタイプ)	9.4 16人	7.7 10人
男女混合の科学者の写真	8.4 15人	8.3 12人

満点＝12点　Good et al., *Journal of Social Psychology* 2010

グッドGoodらの研究により、画像を通じてジェンダーメッセージを操作することで、学生のテストの点数が左右されることが明らかになりました。

この研究では、比較的勉強している高校生の３つのグループに対し、化学の授業の書き起こしを読ませ、12点満点のテストを受けてもらいました。授業には３つのバージョンがありました。１つ目は授業の書き起こしには男性が科学に従事している写真が３枚、２つ目は女性が科学に従事している写真が３枚、３つ目は男性１人が科学に従事している写真が１枚、女性１人が科学に従事している写真が１枚、男女が一緒に科学に従事している写真が１枚示されました。

１つ目のバージョンの授業の書き起こしを読んだ学生のグループでは男子生徒の点数が女子生徒を上回りました。２つ目のバージョンを読んだグループでは女子生徒の点数が男子生徒を上回りました。３つ目のバージョンを読んだグループでは男女の結果は同等でした。

つまり、我々が日常的にさらされているメッセージについて意識的に考えられるようになれば、そうしたメッセージの軽減や除去に向けた行動を取ることができるようになるのです。

スライド69

潜在的バイアスがもたらす6つの影響

- 規範的なジェンダー秩序（**P**rescriptive Gender Norms）
- 期待バイアス（**E**xpectancy Bias）
- 業績の再定義（**R**econstructing Credentials）
- ステレオタイプ・プライミング（**S**tereotype Priming）
- 役割不適合（**I**ncongruity of Roles）
- ステレオタイプ脅威（**S**tereotype **T**hreat）

このモジュールの最後です。

上記の頭文字をぜひ覚えてください。6つの概念を並び替えて「PERSIST（貫き通す）」という言葉を作りました。バイアスという習慣を断つには貫き通すことが必要だからです。

スライド70

バイアス習慣を断つ

個人のバイアス習慣を自己規制する

モジュール３では様々なバイアス習慣の乗り越え方を扱います。

スライド 71

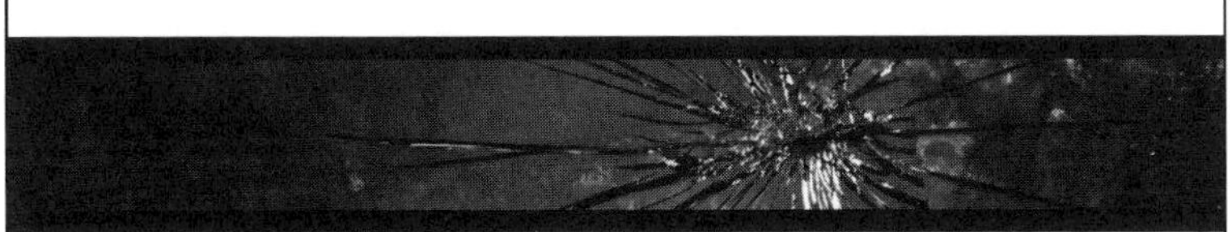

モジュール 3

潜在的バイアスによる影響を減らす戦略

潜在的バイアスを認識し分類してきました。次のステップとして潜在的プロセスをコントロールするためのテクニックを学びます。

このモジュールでは潜在的バイアスの活性を減らす上で役立つエビデンスに基づいた５つの戦略を紹介します。本プログラムの導入部で触れた通り、米国国立衛生研究所や米国科学アカデミーの数多くの研究者たちによって、差別の根強い存続には潜在的バイアスの存在があることを示唆してきました。つまり、ここでの論理は、この活性を減らすのに役立つことができれば利益がもたらされるということです。活性化しなければ実際の状況に適用されることもありません。

このパートでは、こうしたバイアスや連想が活性化される可能性を減らすために、**１人１人**ができることに焦点を当てていきます。

スライド72

効果のない戦略

ステレオタイプ抑制

(e.g., Galinsky & Moskowitz, 2000; Monteith et al., 1998)

- ステレオタイプを頭から追い払う（ジェンダーや人種に「ブラインドになる（無視する）」）

実際に効果のあるエビデンスに基づいた５つの戦略を紹介する前に、まず効果がない戦略についてお話し、そうしないよう皆さんの注意を促したいと思います。

効果のない戦略にあえて言及するのは、そうした戦略が非常に直感的であるからです。これはすぐ思いつきやすい解決方法です。

まず、「他人をステレオタイプに当てはめたくなければ、その当てはめを防ぐ戦略として、おそらくそのステレオタイプを抑え込み、単に意識から追い払うべきだろう」と考えてしまうのは当然のことです。「ジェンダー・ブラインド」や「人種ブラインド」になりたいのであれば、ステレオタイプについて考えるべきではない。こうした態度を「ステレオタイプ抑制」と呼びます。

スライド73

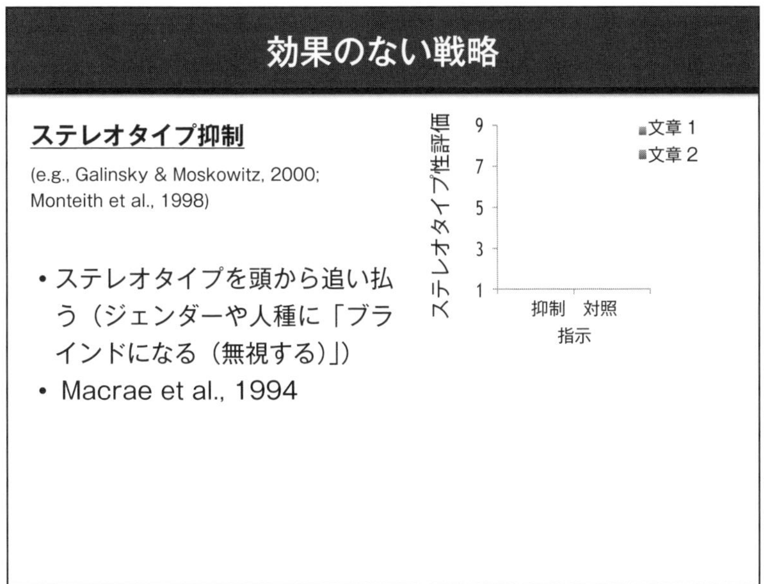

しかし、マクレー Macrae らの研究によって、ステレオタイプ抑制には直感に反する逆説的な効果があることが明らかになりました。

マクレーらは被験者をラボに招き、これからある人の写真を配付することを伝えました。被験者は写真に写った人の典型的な一日について短い文章を書くよう指示されました。写真にはステレオタイプ化された集団に属する人が写っていました。被験者の半数はステレオタイプ的な内容を文章に含めないよう（つまりステレオタイプを抑制するよう）指示されました。残りの半数はこの指示は与えられませんでした。そのすぐあと被験者は同じステレオタイプ化された集団の別の人物の写真が配られ、その人の一日について文章を書くよう指示されました。この時、被験者のいずれのグループもステレオタイプを抑制するよう指示はされませんでした。

全ての文章は独立した評価者によってどの程度ステレオタイプ的な内容が含まれているか評価されました。上のグラフの Y 軸の数字は低ければステレオタイプ的内容が少なく、高ければ多いことを示しています。

スライド74

効果のない戦略

ステレオタイプ抑制

(e.g., Galinsky & Moskowitz, 2000; Monteith et al., 1998)

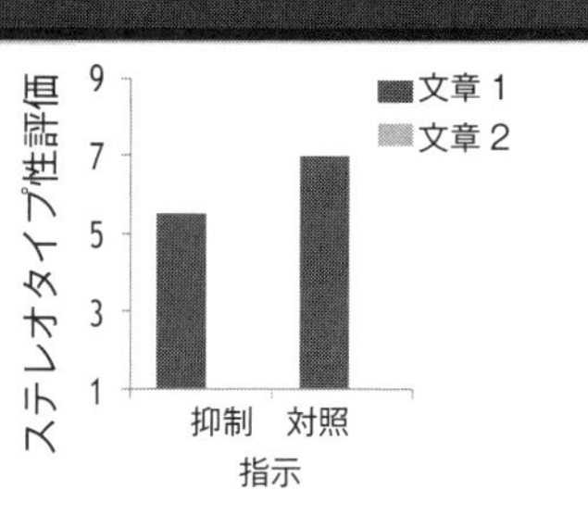

- ステレオタイプを頭から追い払う（ジェンダーや人種に「ブラインドになる（無視する）」）
- Macrae et al., 1994

まず1枚目の写真について書いた文章の内容がどうだったかを見てみましょう。ご覧の通り、抑制条件を与えたグループはその指示に従い、比較グループと比べて文章にステレオタイプ的な内容が少なくなっていることが分かります。

スライド75

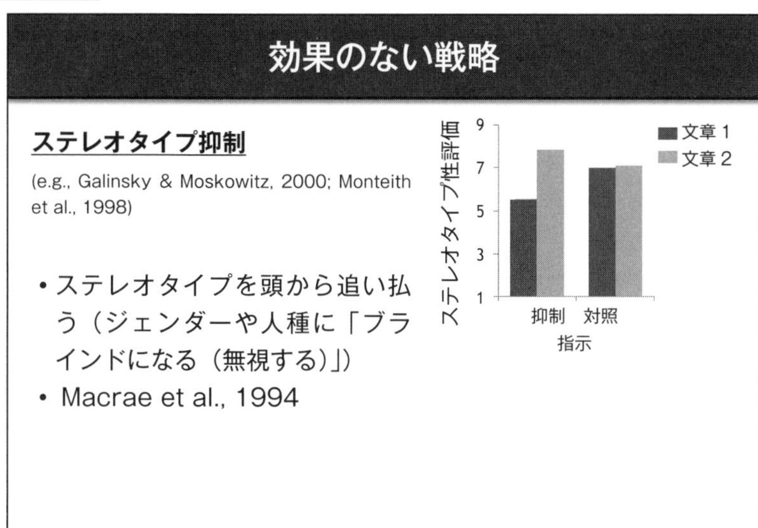

それでは、被験者の2つ目の文章はどうだったかを見てみましょう。

最初の文章でステレオタイプを抑制するよう指示されていたグループは、2つ目の文章では最初の文章と比べて大幅にステレオタイプ的な内容が増加していました。加えて、比較グループのいずれの文章と比べてもステレオタイプ的内容が多く含まれていたのです。

スライド76

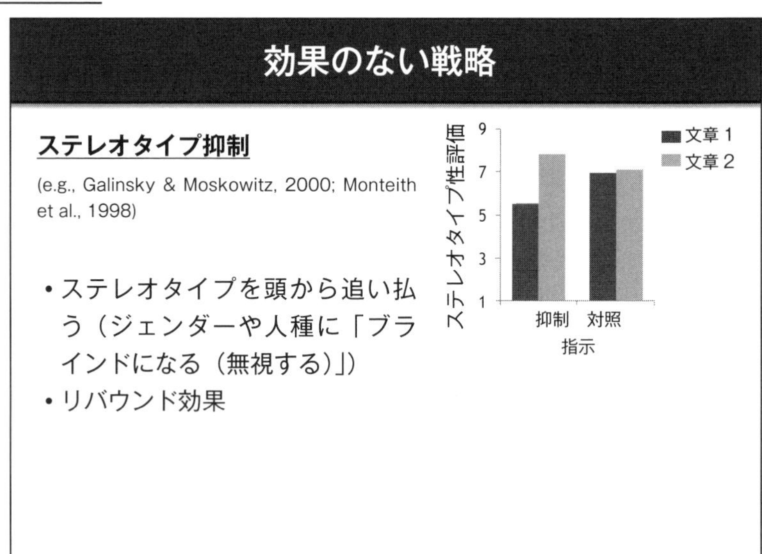

マクレーらは「望ましくない考えを抑制しようとすると、抑制しなかった場合と比べ、そうした考えはのちに再度、強く現れる可能性がある（つまり「リバウンド」効果）」と論じています。

ある課題に集中している時は抑制することができます。しかし「ステレオタイプを避けよう、ステレオタイプを避けよう……おっと、待って……ステレオタイプなことを考えたけど、文章に書かないようにしよう」と考えるのは、あなたがステレオタイプ的考えを自分に効果的にプライミングしていることなのです。こうした思考はステレオタイプを想起させますが、短期的には意図的に使用しないようにすることができます。

しかし、一度ステレオタイプを抑制するという義務から解放されたあとは、こうした考えがリバウンドし、最初から抑制しなかった場合と比べて、さらに頭に浮かびやすくなるのです。ステレオタイプ的思考はすでに活性化され、適用できる準備がなされています。

こうした類の文章作成課題におけるステレオタイプ的内容のリバウンド効果を見ましたが、反応時間を測る課題も同様です。被験者にステレオタイプ抑制を指示した場合、ステレオタイプ抑制を指示しなかった比較グループの被験者と比べ、ステレオタイプに一致する単語への反応が著しく速くなります。また、このリバウンドは対人距離のような他のふるまいにも影響を与えます。

したがって、みなさんにはリバウンド効果を生じさせる傾向にあるため、ステレオタイプ抑制を行わないよう注意を促したいと思います。短期的には抑制できても、長期的には意図に反した逆説的効果を生む可能性があるからです。

スライド77

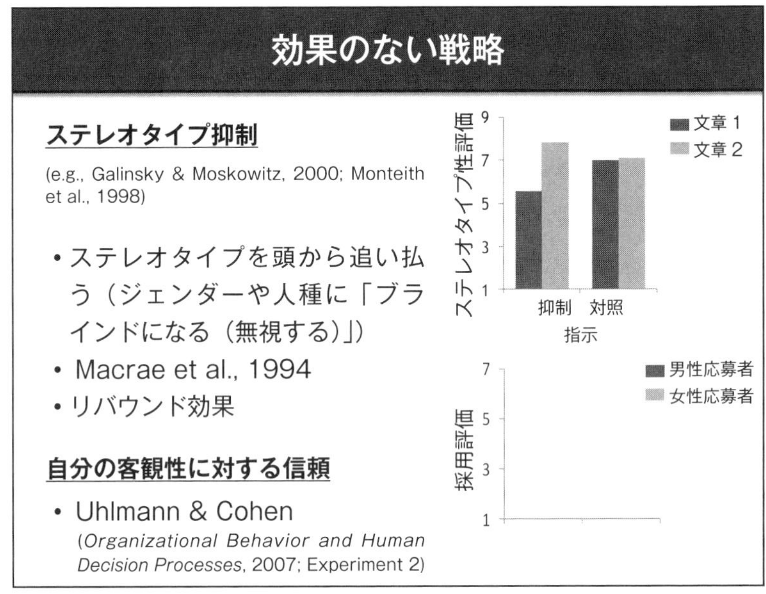

みなさんに注意してもらいたい２つ目の戦略は自分の客観性に信頼を置きすぎることです。先ほどと同様、この戦略も非常に直感的なものです。公平でありたければ客観的でありたいと思います。

この研究においてウルマンとコーエンは男性を想起する仕事である警察署長というポジションに応募した男女の応募者を評価する前に、一部の被験者に自分の客観性を思い出させ、他の被験者にはそうしませんでした。応募者は全員、同等の業績を有しています。

客観性グループの被験者には「多くの場合、合理的、論理的だと思われることをする」、「意見をするにあたっては、知り得るすべての事実を客観的に考慮するようにする」といった４つの命題を含むアンケートが配られ、プライミングが行われました。被験者はこれらの項目に対し、1= とても強く反対するから 10 =とても強く賛成するまでの尺度で回答してもらいました。

比較グループの被験者も応募者の評価を行った**あと**にこの客観性の認識に関わるアンケートに回答しました。その結果、いずれのグループも同じ程度、自分を客観的であると考えていました。

すべての被験者が、仕事への適性、成功への期待度、採用を推奨するかについて応募者を評価しました。ウルマンとコーエンは指標を作成し（グラフY軸に記載）、数値が低ければ否定的、高ければ好意的な評価を応募者に対して下したことを示しました。

スライド 78

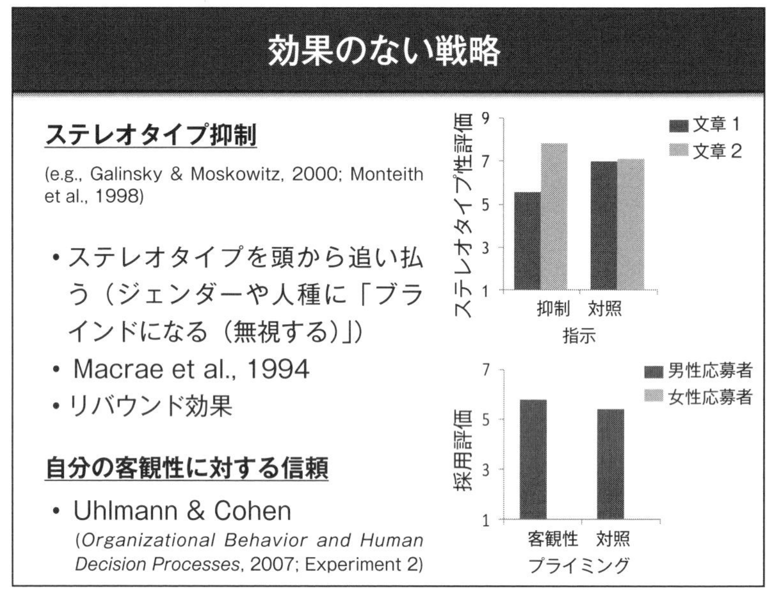

まず、男性応募者の結果がどうだったかを見てみましょう。男性応募者の場合、客観性のプライミング操作によって全体的な評価が大きく異なることはありませんでした。

スライド79

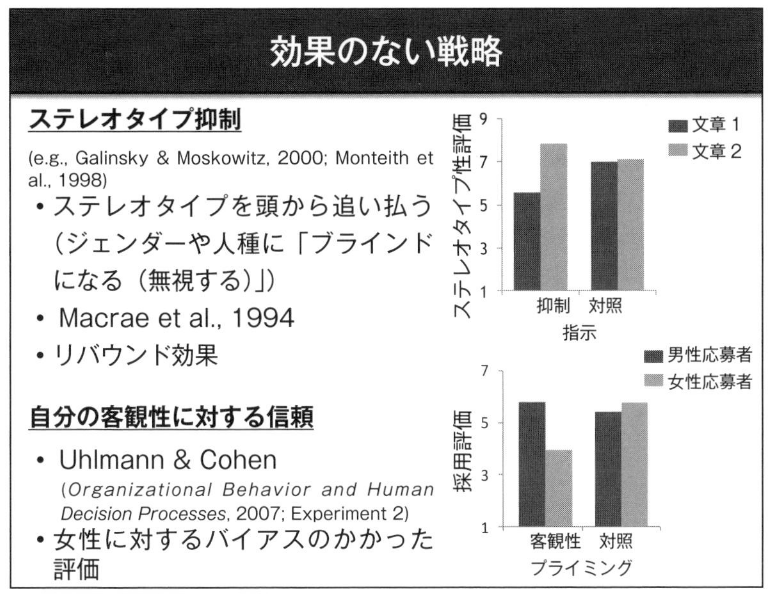

しかし、女性応募者の結果を見てください！応募者の審査に先立って自分の客観性を考える機会があったグループでは、女性応募者の評価が損なわれました。客観性をプライミングされたグループでは女性は男性よりも評価が低く、さらに比較グループにおける男女応募者いずれもより評価が低くなっています。

つまり、自分の客観性を意識することで集団に基づく差別を助長する可能性があるのです。ウルマンとコーエンは「人は自分が客観的で理性的に行動する人間だと考えると、集団に基づくバイアス通りに行動することが減るわけではなく、むしろ増加するのである」と結論付けています。

したがって、みなさんにはこうした戦略をとらないよう注意していただき、自分にはバイアスがあり、意図せず差別に加担しているかもしれないことを謙虚に認める方がよい場合もあるということを伝えたいと思います。そして、バイアスにつながる連想の活性化を減らすのに役立つ戦略を学んでいただきたいと思います。

よくある質問：この結果について説明してもらえますか。

回答：ウルマンとコーエンは、多くの説明があると述べています。その1つは、人は自分が客観的であると信じると、自分の考え、信念、判断、決断が手に入る情報を客観的に分析してそれに基づいていてなされると自然に想定してしまい、そのため、自分の判断や決断を一旦やめたり、潜在的バイアスの影響を受けている可能性を考えたりすることが低くなってしまうのです。バイアスの影響がある可能性を意識したり、それを考慮する努力を行わなかったり、その影響を最小限に留めるための戦略を実践しなかったりすると、高い業績の女性応募者の評価を損なってしまうのです。

スライド 80

戦略 1：ステレオタイプを代替する

取るべきステップ	例
ステレオタイプ的思考が自分にあることを認識する。 社会にはステレオタイプ的描写があることを認識する。	• *女性教員はリーダーシップをとる機会に興味がない* • *女性は数学が苦手という描写や、男性は家事ができないという描写*
特徴付けはステレオタイプ的思考だとみなす。	• *男性は作動的、女性は共同的*
引き金となる因子を特定する。	• *ジェンダー適合的な情報によるプライミング*
描写の公平性を疑い、ステレオタイプ的ではない反応をもって代替する。	• *成功している女性リーダーをたくさん知っている* • *リーダーの能力を決める主要な因子はジェンダーではなく訓練や経験である* • *受講した数学の授業の数を考慮すると、数学能力にジェンダー差はないことが研究によって分かっている*

それでは、潜在的バイアスを乗り越えたい人にとって有用なエビデンスに基づく５つの戦略を紹介します。それぞれがどのような戦略でどのように機能するかを見ていきましょう。

これらの戦略のいずれも実践する上で難しくはありませんが、少しの努力が要り、練習が必要であることを心に留めておく必要があります。（IAT の受験などを通じて）自分が潜在的バイアスを持っていることに気づいたら、こうした戦略を実践する意欲が生まれるかもしれません。したがって、これを行う努力に加え、気付きとマインドフルネスが必要なのです。

１つ目の戦略はまず自分にステレオタイプ的思考があることを認識することから始まります。どんなときにステレオタイプが頭に浮かぶでしょうか。当然のことですが、社会におけるステレオタイプ的描写の認識を始めることです。例えば、テレビを見ているとき女性は家事をすることが大好きだというステレオタイプ的な描写を見ます。我々は常にこういった描写にさらされているのです。

したがって、最初のステップはステレオタイプ的描写とステレオタイプ的推測を認識することです。次のステップではモジュール２で扱った概念を思い出し、ステレオタイプを分類します。3つ目のステップでは引き金となる因子を特定する必要があります。ジェンダーに適合する情報によるプライミングをされたでしょうか。4つ目は最も重要ですが、ステレオタイプ的推測や描写を認識し、その公平さを疑い、ステレオタイプ的ではない反応をもって代替することです。あなたは成功している女性リーダーをたくさん知っています。リーダーの能力を決める主要な因子はジェンダーではなく訓練や経験であることを知っています。受講した数学の授業の数を考慮すると数学能力にジェンダー差はないことが研究によって分かっていることを知っています。

ここでしようとしているのは、ステレオタイプ的ではない反応で対抗することでこうした自然発生的な推測の力を無効化することなのです。

スライド81

戦略２：反ステレオタイプ・イメージング

取るべきステップ	例
反ステレオタイプ的な女性を詳細にイメージすることで自分の反応を制御する	• *強く効果的な女性リーダーをイメージする* • *自分の知っている好意的な反ステレオタイプ的な人物について考える*

２つ目の戦略は「反ステレオタイプ・イメージング」と呼ばれるものです。これは基本的には反ステレオタイプ的な女性を詳細にイメージすることで、ステレオタイプ的な反応を制御するためのテクニックです。

理論上、これは強くパワフルで影響力がある女性とはどんな人かを考えることで可能となります。あるいは、自分が個人的に知っている人物を特定し、彼女の特徴を思い浮かべたりすることもできます。自分の属する組織の女性リーダーや自分の学生の中で一番優秀な女子学生などがその例になるかもしれません。かれらが成し遂げてきたことについて考えてみましょう。

アイリーン・ブレア Irene Blair は、プレ／ポストテストデザインを用いた研究でこのテクニックの持つ力を示しました。彼女は女性に対する潜在的バイアスを測定し、研究参加者の多くにバイアスが存在することを確認しました。次に、参加者らに５分間、強くパワフルな女性をイメージしてもらいました。その直後、潜在的バイアスを再度測定し、ジェンダーステレオタイプが著しく弱まっていることを発見しました（Blair et al., *Journal of Personality and Social Psychology* 2001）。

つまり、反ステレオタイプ的な例を考えることに少し時間をかければ、潜在的バイアスの活性化を減らす一助になるのです。ハーバード大学のある同僚は自分がジェンダーバイアスを持っているかもしれないことや日常生活でそうした考えを表出してしまっているのではないかと気にしていました。彼女はスクリーンセーバーを購入し、パソコンのモニター画面が暗くなると歴史上、影響力のある女性の写真が登場するようにしました。こうすることで彼女は反ステレオタイプ・イメージングを自分に促していました。

スライド82

戦略3：個別化（vs. 一般化）

取るべきステップ	例
ステレオタイプに基づく容易な判断を避ける。	・*科学者、医師、エンジニア、プログラム開発者であることよりもジェンダーに着目しないようにする*
決定を下す前に特定の経歴や過去の経験などについて、より多くの情報を集める。	・*モジュール2で扱った模擬採用研究 (Heilman Organizational Behavior and Human Performance, 1984)*
属性帰属でなく状況帰属をさせる練習をする。	・*女性が助成金獲得に成功しない場合、属性的説明（例：その女性は独立研究者になるために必要な資質がない）よりも状況的説明（例：助成金の競争率が高かった）を考えてみる*

3つ目の戦略は一般化の代わりに個別化を行うことです。結局、ステレオタイプ的推測とはある個人をその人の属する集団に基づいて一般化することと同じではないでしょうか。集団への所属を考えるときにステレオタイプが活性化され、個人に関して容易な判断をする傾向があります。この目的はステレオタイプに基づいて決断することを避け、判断するために、個人の特徴を用いることです。

ここで、科学者、医師、エンジニアなどのような特徴よりもジェンダーに着目しないようにしたいです。ハイルマン Heilman の研究（モジュール2を参照）はこれを実現するための戦略を提示するものです。個別化のためには、決定を下す前に特定の業績や過去の経験についての情報やその他の関連する情報を得る機会を持たなくてはなりません。

容易な決断は時に正しく感じるため、注意しなければなりません。ステレオタイプはある種の答えを提示します。しかし、具体的な情報を得るさらなる努力をすると、自分がした判断がより詳細なエビデンスの結果によって修正される可能性があることに気づくことになるかもしれません。

この戦略に一捻り加えて、誰かのふるまいについて属性的な結論に飛びつく前に状況的な説明がある可能性を考えてみるようにしましょう。これはステレオタイプに依存しないようにする訓練をする上で効果的であるかもしれません。例えば、ある女性の助成が得られなかった場合、その女性が優秀な科学者ではなかったからだという属性的な結論に飛びつかないようにしましょう。実際に女性（または男性であっても）科学者が助成を得られない状況になり得る理由はたくさんあります（予算が限定的など）。これまでの研究によって、状況的説明を考える練習をすることで自分の推測についてより思慮深くなり、ステレオタイプに依拠した決断をする可能性が低くなることが明らかになっています。

スライド83

戦略４：パースペクティブ・テイキング（当事者視点に立つ）

取るべきステップ	例
スティグマ化された集団のメンバー（当事者）のパースペクティブ（視点）を取り入れる。	*以下について想像してみてください。* *・自分の能力が疑問視されたら* *・同じ訓練と努力を経てきた同僚と比べて自分がキャリアにコミットしていないと思われたら* *・家族に対する責任があるものと思われ機会を与えられなかったら*

４つ目の戦略はパースペクティブ・テイキングに関するものです。繰り返しますが、これをするのは難しくありませんが、このテクニックを実行する必要性を心に留めておく必要があります。

ここではスティグマ化された集団のメンバー、つまり当事者のパースペクティブ（視点）を取り入れます。例えて言うなら、その人に代わって(stepping into the shoes)、その人の視点から世界や経験的な状況を見るようにするということです。そこで、女性であるという理由で自分の能力が疑問視されたらどう思うか想像してみましょう。あるいは、自分がある集団に属しているせいでリーダーシップを発揮するポジションを得られなかったらどうでしょう。

パースペクティブ・テイキングの練習をすると潜在的な連想を活性化する可能性が減ります。ガリンスキーとモスコウィッツ Galinsky and Moskowitz の研究はこの戦略の持つ力を示しています。研究参加者に高齢男性の写真を見せ、彼の人生の一日について短い文章を書くよう求めました。一部の参加者はさらに自分がこの人物だったらと想像し、彼の目を通して世界を見、彼の足で歩くことをイメージするよう指示されました。その後に実施したコンピューター課題ではこのメンタルイメージ課題を行った参加者はイメージを行わなかった参加者と比べて年齢に関連するステレオタイプ的な単語への反応が遅く、作成した文章においてもより肯定的な態度を示していました（*Journal of Personality and Social Psychology*, 2000）。

パースペクティブ・テイキングは潜在的バイアスの活性化を減らすために我々が日常の中で行える簡単なタスクなのです。

スライド 84

戦略５：接触の機会を増やす

取るべきステップ	例
反ステレオタイプ的な女性との交流の機会を探し出す	• *高い地位にある女性に会い、研究の試み、アイディア、ビジョンについて議論する* • *重要な委員会や講演者リストのメンバーを集める際に（多様な集団の）女性を含めるようにする*

５つ目の戦略は反ステレオタイプ的な女性との接触の機会を増やすことです。自分の学科・専攻や分野において高い権限を持つ地位にある女性に会い、自分のアイディアや研究・教育上の試みについて話してみましょう。また、委員会のメンバーやプログラムの講演者を特定する際には通常すぐ思いつくような名前以外も考えてみましょう。そして、多様な集団に属する女性を含めるよう留意しましょう。

スライド85

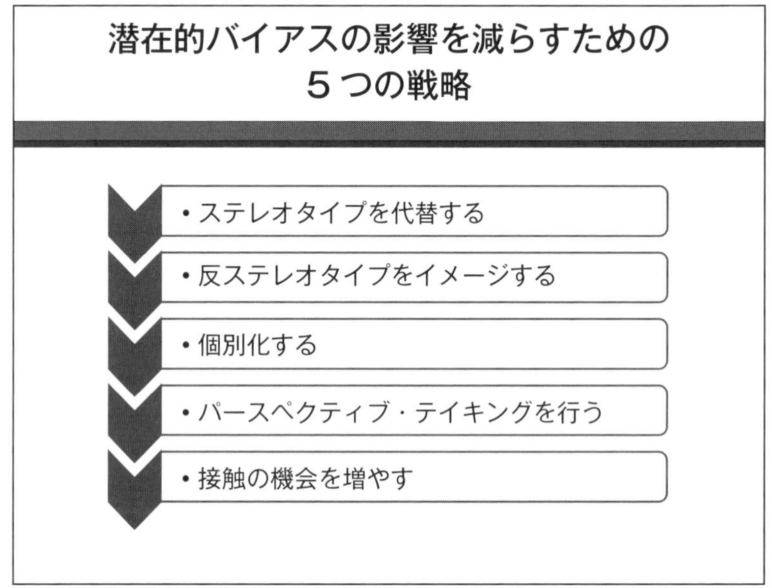

まとめますと、以上の戦略を個別のテクニックとして紹介してきましたが、実はそれぞれは重なりあい、相乗作用を持っています。

例えば、反ステレオタイプ的な女性との接触の機会を持った場合、その交流によってこれらの女性のパースペクティブをとり、世界をかれらの利になるような視点から見る能力が高まります。これはさらに個別化の機会も作ります。

これら5つの戦略はそれぞれに積み重なり、またそれぞれに呼応して、潜在的なバイアスに対抗するツールの強力な蓄積となるのです。

スライド 86

これらの戦略は現実でも
通用するか

2010 ~ 2012 年、ジェンダー・バイアスは修正可能な習慣であるというアプローチを取ることで、教員間におけるジェンダー公正なふるまいを推進し、学科・専攻の組織風土を改善することが可能であるかを調べる大学対象の研究

Carnes et al., *Academic Medicine* 2015

こうした戦略がいかに効果的であるかを示すため、アメリカ中西部の大規模大学で実施されたクラスターランダム化比較調査の結果を紹介したいと思います。この研究はジェンダー・バイアスは修正可能な習慣であるというアプローチを取ることが教員間におけるジェンダー公正なふるまいを推進し、学科・専攻の組織風土を改善することが可能かを確認するために計画されました。

スライド87

- STEMM 領域の 92 学科・専攻を分野、研究科・カレッジ、規模などをもとにペア分け
- 各学科・専攻ペアにランダムに実験条件と比較条件を割り当て、実験条件群の学科・専攻で本ワークショップを実施
- 各学科・専攻ペアの教員には実験条件群の学科・専攻で実施されたワークショップの２日前と３日後および３カ月後にそれぞれアンケートを実施

この研究ではSTEMM 領域の92 学科・専攻を分野、研究科・カレッジ、規模などをもとにペアに分け、その上で各学科・専攻ペアにランダムに実験条件と比較条件を割り当てました。実験条件群の学科・専攻では2010 年9 月から2012 年3 月にかけて、いままさに経験いただいているものと同様のワークショップが個別に実施されました。比較条件群の学科・専攻にもデータ採集が完了した12 カ月から18 カ月後にかけてワークショップが実施されました。

各学科・専攻ペアの教員には実験条件群の学科・専攻で実施されたワークショップの2 日前と3 日後および3 カ月後にそれぞれオンラインでアンケートに回答してもらいました。

スライド88

- **オンライン調査の質問項目：**
  - ジェンダーバイアスに対する意識
  - ジェンダーバイアスを減らす意欲、自己効力感、成果への期待感
  - ジェンダー公正の推進に向けたアクションへの参加状況
  - ジェンダーとリーダーシップに関する分類課題（IAT）の潜在的バイアススコア

- **介入期間の前後に全教員にメールで送られた仕事環境に関する質問紙調査の中から学科・専攻の組織風土に関する設問を抜粋**

オンライン調査では参加者に自らのジェンダーバイアスに対する意識やジェンダーバイアスを減らす意欲、自己効力感、成果への期待感、ジェンダー公正の推進に向けたアクションへの参加状況、そしてジェンダーとリーダーシップに関する分類課題（IAT）における潜在的バイアスなどが問われました。また、介入期間の前後に全教員にメールで送られた仕事環境に関する質問紙調査の中から学科・専攻の組織風土に関する設問も抜粋されました。

スライド89

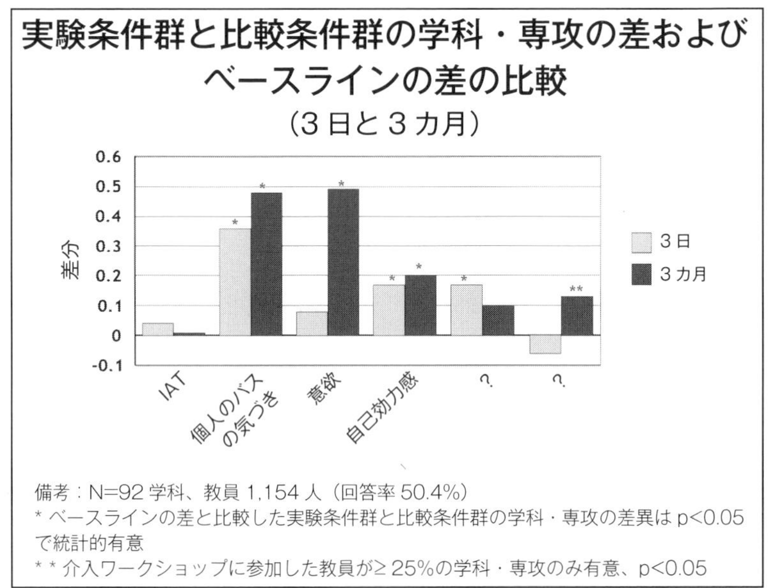

合計で 43 学科 301 人の教員（26%）がワークショップに参加しました。

全体で実験条件群の学科の教員の 52%、比較条件群では教員の 49% がオンライン調査に少なくとも一度、回答しました。

実験条件群の教員は比較条件群の教員と比べ、行動変容に係る複数の主観的指標、とくに顕著なのはジェンダー公正を推進する行動を行おうとする自己効力感が介入後に有意に増大していました。学科・専攻の教員のうち 25% 以下がワークショップに参加した場合、3 カ月後にはジェンダー公正を推進するアクションを起こしたという自己申告が有意に増加しました。

また、実験条件群の学科・専攻の教員はキャンパス全体に対して実施された職場の組織風土について問うアンケートへの回答結果が裏付ける通り（スライドには未表示）、職場環境がよりインクルーシブであると感じていました。

スライド 90

研究の結論：

「意図的な行動変容を促す介入を短期間行うことで教員がジェンダーバイアスの習慣を断つ一助となり、医学、科学、工学のアカデミアにおける女性のキャリアアップを後押しするような学科・専攻の組織風土の変容をも推し進めることができる」

スライド91

繰り返しになりますが、バイアス習慣を断つのは必ずしも簡単というわけではありません。努力が必要になります。しかし、テクニックを学び、実践する意思を固めたあとは行動に移すことが**可能**なのです。

効果を生むためには意識プラス意欲プラスコミットメントの持続、その全てが必要であることを心に留め置いてください。

偏見は克服できる習慣です。我々に内在するステレオタイプ的な連想が活性化することを防ぎ、現実に適用されることを避けることができます。しかし、こうしたテクニックを実践していこうと決めるだけでは十分ではありません。実際に実行に移さなくてはいけません。爪噛み、喫煙、指鳴らし、過食など、過去、何かしらの習慣を断とうとしたことがあれば、そのためには練習が必要で、すぐに成功するわけではないということを分かっておられると思います。

しかし、コミットを継続し、このモジュールで紹介した戦略に常に立ち戻れば、自分の中で潜在的バイアスが活性化する可能性を減らすことに必ず成功します。そうすることによって自分の潜在的反応を顕在的信念と同じ水準にすることができるのです。

スライド92

我々は習慣を断つことは非常に難しいことだと知っています。それには練習が必要です。

研究によると、有益な方法の1つは計画を声に出すことだとされています。これまでの教育学的研究では自分の行動変容へのコミットメントを書き出すことで実際にそのようにふるまう可能性が高まることが明らかになっています。

以下の宣言について1つか2つほどの文章を書いてみてください。

私は以下の方法で職場におけるジェンダーバイアスを乗り越えることにコミットします。

私は以下の方法で私生活におけるジェンダーバイアスを乗り越えることにコミットします。

スライド 93

活用できる
戦略

- ステレオタイプを代替する
- 反ステレオタイプ・イメージング
- 個別化
- パースペクティブ・テイキング
- 接触の機会を増やす

バイアスに対するリテラシーを高め、バイアスという習慣を断つ試みを貫き通し（**PERSIST**）ましょう。

P ＝規範的なジェンダー秩序（Prescriptive Gender Norms）
E ＝期待バイアス（Expectancy Bias）
R ＝業績の再定義（Reconstructing Credentials）
S ＝ステレオタイプ・プライミング（Stereotype Priming）
I ＝役割不適合（Incongruity of Roles）
ST ＝ステレオタイプ脅威（Stereotype Threat）

制作：WISELI（科学工学分野の女性リーダーシップ研究所、Women in Science and Engineering Leadership Institute）http://wiseli.engr.wisc.edu
NIH グラント R01 GM088477 による資金援助

このワークショップで扱った６つのバイアス概念と潜在的バイアスの活性化の可能性を減らすための５つの戦略がこのしおりに記載されています。

この画像を職場に貼ることをお勧めします。
バイアスという習慣を断つために。

スライド 94

ありがとうございました！

このワークショップと教材は米国国立衛生研究所、
米国国立一般医学研究所のグラント
R01 GM088477 による資金援助を受け、
開発されました。

よくある質問と難しい議論の例

個別のスライドに関するよくある質問については各スライドの下部の講演ノートの部分に記載した。このセクションでは一般的な質問の例や実際のワークショップの録音から抽出した難しい議論の例を記載している（参加者の名前は仮名です）。

例 1: ワークショップ導入部のスライド 11

裏付けとなるエビデンス

- 「ゴールドバーグ」デザインが明らかにしたのは、評価者のジェンダーにかかわらず、女性が行った仕事は男性の行った仕事よりも質が劣ると評価されることであった。(Isaac et al., *Academic Medicine* 2009 中でレビュー)
- 科学分野の教員は同じ業績を持ちより好感が持てると感じる女子学生よりも、男性応募者の方がより能力が高く、雇用可能性も高く、指導を受けるに値し、より高い給与に見合うと評価した。(Moss-Racusin et al., *Proceedings of the National Academies of Science* 2012)
- NIH 助成タイプ 2（継続）R01 の金額にも格差がある。(Ley & Hamilton Science 2008; Pohlhaus et al., *Academic Medicine* 2011; NIH, 2014)

ジョシュア：（腕を組んで）これらの研究は盲検化されていますか。

プレゼンター：そうです。

ジョシュア：（腕を組んで）1つの研究しか引用していませんが、相対する研究はありますか。この文脈ではそれを紹介するのも重要だと思います。

プレゼンター：ゴールドバーグ・デザインを用いた研究は何十も存在しますが、どれもほとんど過去30年間で変化がなかったことを示しています。ここで重要なのは男性も女性も両方が仕事の質が劣ると評価したことです。その点を議論し、注目したいと思います。

アンジー：（バイアスは）無意図的なものと言いますが、一部は意図的だと思います。

プレゼンター：アカデミアの多くの人々は自分の価値観とバイアスの間に矛盾があることを良く思いません。ご指摘いただいたことはつまり、これが多面的な問題であるということです。

例 2: モジュール 1、スライド 30

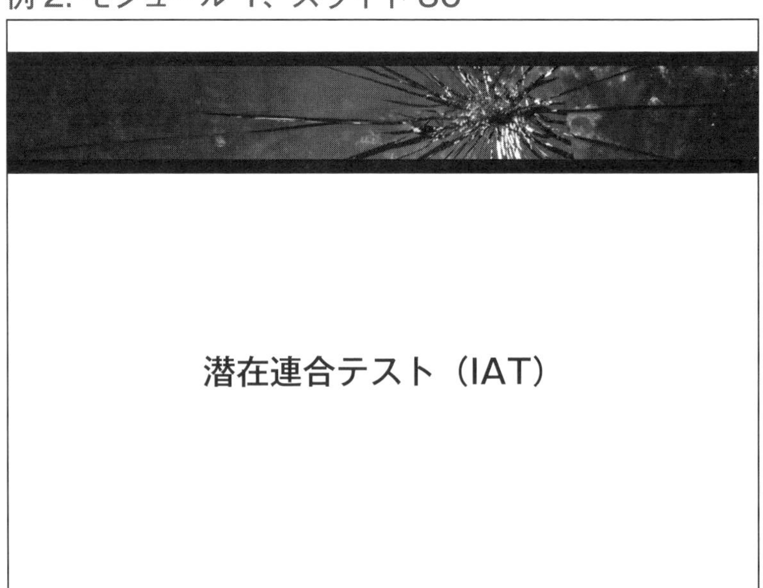

プレゼンター：近年大きく進歩したことの１つは潜在的バイアスを映し出す手法の開発です。こうした手法が登場する前は人の潜在的反応を測るために対人距離やアイコンタクトなどの間接的指標を用いる必要がありました。過去 20 年にわたりより直接的な手法の開発に多くの労力が注がれてきました。潜在連合テスト（Implicit Association Test）、略して IAT は現在活用できる多くの手法の一例です。みなさんもこのワークショップに先立ってテストを受ける機会があったことでしょう。IAT の背後にある理論を説明する前に、ご自分の IAT の体験や反応について共有したい方やこの手法に関して質問がある方はいらっしゃいますか。

マンディ：最初は難しかったです……。なんでだろう、最初は理解できませんでした。徐々に学習しましたが、最初は間違えました。

エラ：私は自分の思考の習慣にいつもショックを受けます。自分がこうだったなんて信じられません。テストの結果によれば、私はリーダーと男性を紐付けているようです。私自身 PI なのに間違えてしまいました。自分にうんざりしています。

マンディ：でも私は自分が誇らしかったです。女性とリーダーシップを紐付けました！

プレゼンター：よく分かります。私は老年病専門医です。年齢バイアスに関してIATを受けましたが、高齢者に対してバイアスを持っているという結果でした！（笑）

副学科長：表示される順番ですが……この順番を変えた場合……何か違いはありますか。

プレゼンター：いいえ、違いはありません。課題の順番は関係ありませんでした。パラメーター研究を行いましたが、その中で順番を逆にしても効果に違いはありませんでした。

マンディ：不一致の結果ですが、反応スピードに基づいていますか。それとも間違った回答を考慮に入れた全体の計算に基づいていますか。

ルイス：（割り込んで）あと、反応時間だけでなく、矛盾する結果についても織り込まれていますか。計算全体ではミスも考慮していますか。

プレゼンター：いずれの質問に対しても答えは「はい」です。

ヒロシ：一部の概念の使い方に問題があると感じました。サポーター的役割を示す単語として使われていたものの一部に賛成できません。「サポーティブ（支援的）」であることはリーダーに求められる特性の１つだと思います。思いやりのあるリーダーではいけないのでしょうか。このテストにはバイアスがかかっています。何が起きているか理解していましたが、やめられませんでした。本当は他のことを言いたかったのにテストは私がステレオタイプ的な反応をするよう仕向けていたのです。

副学科長：（うなずきながら）罰せられたのですね。

エラ：私もテストが好きではありませんでした。大きな赤いバツをつけられました。自分の思ったことではなく、テストが私に答えて欲しいことを答えていました。

プレゼンター：必ずしも賛成できないかもしれませんが、あれらは連想なのです。テスト自体があなたに何かをして**ほしい**わけではありません。

副学科長：間違いなく学習があります。テストが自分にどう反応してほしがっているのか、リーダーと思いやり……（「そうだ」という声）途中からコンピューターゲームをしているような気分でした。神経経路を利用して成績を上げることができた……。

プレゼンター：扁桃体が関わっています。でも、これらは学習した概念です。

あなたは自分の思うリーダー像の特徴がより幅広いのでフラストレーションを感じていたのです（ルーがうなずく）。

ロビー：私は途中からランダムにキーを押していました。

副学科長：（ロビーに向かって）あなたはアデロールを飲むべきですね（グループから笑い）。テストは単一的な定義しか想定していなかったので私は賛成できませんでした。

ロビー：私もテストの想定するリーダー像の定義に賛成できませんでした。中間管理職にはなりたいと思いません。私の信念体系によると私はリーダーシップが好きではないみたいです（グループから笑い）。私が問題に感じていたのはあなたの定義です。恣意的で、私の思うリーダーの定義とは異なっていました。このテストの目的は人を疲れさせることですか。

ヒロシ：私はこのテストは結構分かりやすくできているなと思いました。戦略的に反応を変えることができると思います。

プレゼンター：実はそんなに上手くもいかないのです。人がIATを騙せるかどうかの研究もありますが、IATに嘘をつくのは難しいという結果でした。IATを受けるのは気付きを得るためです。

マンディ：私は政治分野のIATを受けてみました……だいぶ集中して取り組みましたが、それでもややバイアスがあるという結果でした。

プレゼンター：まさにそこがポイントです。IATの「リーダー」の定義に対するあなたの抵抗はあなた自身の意識的な意図と相反しているのです。ステレオタイプと自分の期待が一致していないのです。

ルイス：一部は意識的でしたよ。私はうちの学科長や総長が女性でも何も問題ないと思っていますが、不一致課題では時間がかかりました。すごいテストだなと思いました。

プレゼンター：男女双方とも65%が「リーダー」を男性に紐付けました。誰かを責めようとしているわけではありません。

ルイス：そうすると女性も我々と同じくらいジェンダーバイアスがあるということなんですね。興味深いです。興味深くもあり憂慮すべきでもあります。

例 3: モジュール 1、スライド 36

潜在連合テスト（IAT）

① **平凡さ**
社会との関わりを整理するために連想を形成するという人の生来の傾向に由来

② **文化からの学習**
私たちの思考に「文化的影響」が反映

③ **広範性**
男性や女性、黒人や白人、若者から老人まで、広く浸透している

④ **意識的に自分が認める信念との矛盾**
潜在的・顕在的反応の断絶

スー：この２番ですが、本当に文化から学習しているとどうして分かるのですか。

プレゼンター：複雑ではありますが、私たちの文化には広くバイアスが存在するということを認識する必要があります。６～７歳児向けに設計されたバージョンのIATがありますが、その年齢の子どもでも文化的ステレオタイプを認識しています。我々はいつもステレオタイプにさらされているのです。白人の80%が親白人的バイアスを持っていますが、黒人の50%も親白人的バイアスを示しています。

リンダ：アフリカ系アメリカ人の子どもが白人の人形を好むという研究について読んだことがあります。

ドン：IATが実際のバイアスを証明するものだとどうして分かるのですか。

プレゼンター：人の意図ではなくふるまいをよりうまく予測するからです。潜在的バイアスは意識的な意図に勝ることがあります。例えば、アフリカ系アメリカ人は救命治療を受けられないという緊急医療に関する研究を見てください。

ドン：刑務所に収監されている人の人種の割合について考えた場合、正しいか否かはさておき「黒人と刑務所」の関係が思い浮かぶと思います。これは学習でしょうか、遺伝でしょうか。

プレゼンター：それは学習したものです。人種と犯罪に関するIATも存在します。アフリカ系アメリカ人に遭遇したときに自動的にこうした連想をしてしまうと問題が生じます。

スー：州兵が招集された市民権運動のことを思い出しました……あれは必要でした。それによって得た社会的利益もあります。アフリカ系アメリカ人をリンチしていいわけがありません。

プレゼンター：公共の場での喫煙が私のモデルです。賛同する人が増えない限り変化は起きないし、増えればバックラッシュを受けることもなくなります。

ドン：正直に言って、このテストは過去に受けたことがありました。その時、IATテストに「受かった」と話していた男性の同僚のことを思い出しました。それがすごく気になったんです。結果がどうつながるかが心配になりました。［自分にバイアスはないから］応募書類を審査する上で自分の行動を変える必要がないという正当化にならないかと。

例 4: モジュール 1、スライド 37

潜在的バイアスの特徴

⑤ 結果予測的

顕在的指標より行動予測の上で優れている（相反することも多い）

潜在的バイアスの標的となる人の機会を阻害する

プレゼンター：ここで重要な点は、こうしたバイアスは結果予測的であるということです。これらは我々の意識的な信念よりも（相反することも多いですが）行動を予測する傾向にあります。そしてその働きにより、バイアスの標的となる人の機会を制限してしまうことがあります。例えば、女性だからという理由でリーダーシップを必要とする役職を与えられなかったり、学術的業績が不利な評価を受けたりしてしまうことについて考えてみてください。

スタン：（腕を組みながら）質問です。また適切でないかもしれませんが。ここでは女性に対する男性という構図を見ていますよね。男性に対する女性という逆のバイアスも存在すると思います。

プレゼンター：女性に対する男性という構図のバイアスについて示唆したいわけではありません。文化から生じ、男女に等しく蔓延している女性に対するバイアスについてお話ししています。男性のみが不利益を被ったり、特定の機会を制限されたりするような場面はあるでしょうか。もちろんあります。

スタン：どう科学的に表現したらいいのか分かりませんが、何と言うか、「どっちもある」のですよね。でも、全体の仮説としては女性の方が不利となっています。

プレゼンター：誤解してほしくはありません。我々は男性に悪意があって女性に対するバイアスを持っていると言いたいわけではありません。次のセクションでは男性が不利益を被る場面に関する調査研究についても紹介します。

スタン：つまり、一定の状況下では女性が不利になるということですね。

プレゼンター：その通りです。でも、男性のせいばかりというわけではありません。

例 5: モジュール 2、スライド 64

数学における女性 vs 男性	e.g., Spencer et al., 1999; Shih et al., 1999; Danaher & Crandall, 2008
数学におけるアジア人男性 vs 白人男性	e.g., Aronson & Lustina, 1999
スポーツにおける白人男性 vs アフリカ系アメリカ人男性	e.g., Stone, 1999
女性とリーダーシップ	e.g., Davies et al., 2005
女性と科学	e.g., Good et al., 2010

プレゼンター：スペンサー Spencer の研究はこの脅威が持つ力を浮き彫りにしました。この研究では、難しい数学のテストを受けてもらう前に同じくらい高い能力を持つ男女に対しテスト結果にはいつもジェンダー差が出るということを伝えました。このケースでは女性は男性と比べ有意に成績が悪くなりました。テスト受験者に対しテスト結果にジェンダー差はないと伝えた場合には女性の成績は男性と同等になりました。この問題はアジア人女性の場合だとさらに興味深くなります。なぜなら、アジア人は非アジア人と比べ、数学能力が優れているというステレオタイプがあるためです。シー Shih らの研究では、アジア系アメリカ人女性は自分の人種が注目された場合はテストの点数が高くなり、自分のジェンダーが注目された場合は点数が低くなることが明らかになっています。

ランディ：（腕を組みながら吹き出して）本当に、数学のテストで、自分の属性に言及する順番の違いだけで？

サム：このテストのレベルはどのくらいですか。小学生レベル？

ジュディ：本当に順番だけでこうした事が起こると言っているのですか。

ジョー：つまり、チェックマークをつけるまで女性だって分からないということですか。

ランディ：バイアグラの広告のあとなら何が起こるのかね。

プレゼンター：（嫌味を無視して）この現象を説明しようとMRI（磁気共鳴映像法）を用いて男女の脳を比較するなど様々な試みがなされてきました。ステレオタイプ脅威は作業記憶を阻害し、ゆえにパフォーマンスを阻害しているのだと考える研究者もいます。近年、ステレオタイプ脅威がパフォーマンスだけでなく学習をも阻害することを示唆する研究もあります。

参考文献一覧

引用した論文等の全文は所属機関の図書館で参照可能な場合もあります。そうでない場合には、我々がオンラインで公開している文献一覧をご利用ください。

https://www.zotero.org/groups/wiseli_library/items/collectionKey/DW6H2XVU

Adelson, E. H. (1995). Checkerboard optical illusion. Retrieved June 27, 2014 from MIT, Adelson website, http://web.mit.edu/persci/people/adelson/checkershadow_illusion.html

Allport, G. W. (1954). *The nature of prejudice*. Reading, MA: Addison-Wesley.

Aronson, J., Lustina, M. J., Good, C., & Keough, K. (1999). When white men can't do math: Necessary and sufficient factors in stereotype threat. *Journal of Experimental Social Psychology*, 35(1), 29-46.

Ash, A. S., Carr, P. L., Goldstein, R., & Friedman, R. H. (2004). Compensation and advancement of women in academic medicine: Is there equity? *Annals of Internal Medicine*, 141(3), 205-212.

Association of American Medical Colleges (2014). *Table 27: Total graduates by U. S. medical school and sex*, 2009-2013 . Retrieved August 21, 2014 from the AAMC website, https: / /www.aamc.org/download/321532/data/2013factstable27-2.pdf

Association of American Medical Colleges (2007). *Women in U.S. academic medicine: Benchmarking and statistics report,* 2006-2007. Washington, DC: Author.

Association of American Medical Colleges (2008). *Women in U.S. academic medicine: Benchmarking and statistics report*, 2007-08. Washington, DC: Author.

Association of American Medical Colleges (2009). *Women in U.S. academic medicine: Benchmarking and statistics report*, 2008-2009. Washington, DC: Author.

Association of American Medical Colleges (2014). *U. S. medical school faculty*, 2011. Retrieved August 21, 2014 from the AAMC website, https: / /www.aamc.org/data/facultyroster/reports/272016/usmsf11.html

Bach, M. (2004). Shepard's "*Turning the tables.*" Retrieved June 27, 2014 from Michael Bach's website, http://www.michaelbach.de/ot/sze_shepardTables/index.html

Bales, R. F. (1950). *Interaction process analysis: A method for the study of small groups.* Oxford, England: Addison-Wesley.

Banaji, M. R., Hardin, C., & Rothman, A. J. (1993). Implicit stereotyping in person judgment. *Journal of Personality and Social Psychology,* 65(2), 272-281.

Bern, S. L. (1974). The measurement of psychological androgyny. *Journal of Consulting and Clinical Psychology*, 42(2), 155-162.

Biernat, M., & Kobrynowicz, D. (1997). Gender- and race-based standards of competence: Lower minimum standards but higher ability standards for devalued groups. *Journal of Personality and Social Psychology*, 72(3), 544-557.

Bird, S., Litt, J., & Wang, Y. (2004). Creating status of women reports: Institutional housekeeping as "women's work." *NWSA Journal*, 16(1), 194-206.

Blair, I. V., Ma, J. E., & Lenton, A. P. (2001). Imagining stereotypes away: the moderation of implicit stereotypes through mental imagery. *Journal of Personality and Social Psychology*, 81(5), 828-841.

Broaddus, V. C., & Feigal, D. W., Jr. (1994). *Starting an academic career. A survey of junior academic pulmonary physicians. Chest*, 105(6), 1858-1863.

Broverman, I. K., Broverman, D. M., Clarkson, F. E., Rosenkrantz, P. S., & Vogel, S.R. (1970). Sex-role stereotypes and clinical judgments of mental health. *Journal of Consulting and Clinical Psychology*, 34(1), 1-7.

Brown, R., Eller, A., Leeds, S., & Stace, K. (2007). Intergroup contact and intergroup attitudes: A longitudinal study. *European Journal of Social Psychology*, 37(4), 692-703.

Budden, A. E., Tregenza, T., Aarssen, L. W., Koricheva, J., Leimu, R., & Lortie, C. J. (2008). Double-blind review favours increased representation of female authors. *TRENDS in Ecology and Evolution*, 23(1), 4-6.

Callister, R. R. (2006). The impact of gender and department climate on job satisfaction and intentions to quit for faculty in science and engineering fields. *Journal of Technology Transfer*, 31(3), 367-375.

Carnes, M. (2006). Gender: Macho language and other deterrents. Letter to the editor. *Nature*, 442, 868.

Carnes, M., Devine, P. G., Isaac, C., Manwell, L.B., Ford, C., Byars-Winston, A., Fine, E., & Sheridan, J. T. (2012). Promoting institutional change through bias literacy. *Journal of Diversity in Higher Education,* 5(2): 63-77.

Carnes, M., Geller, S., Fine, E., Sheridan, J., & Handelsman, J. (2005). NIH director's pioneer awards: Could the selection process be biased against women? *Journal of Women's Health*, 14(8), 684-691.

Carnes, M., Devine, P. G., Manwell, L.B., Byars-Winston, A., Fine, E., Ford, C. E., Forscher, P., Isaac, C., Kaatz, A., Magua, W., Palta, M., & Sheridan, J. (2015). Effect of an intervention to break the gender bias habit: A cluster randomized, controlled trial. *Academic Medicine*, 90(2), 221-230.

Carr, P. L., Ash, A. S., Friedman, R. H., Scaramucci, A., Barnett, R. C., et al. (1998). Relation of family responsibilities and gender to the productivity and career satisfaction of medical faculty. *Annals of Internal Medicine*, 129(7), 532-538.

Correll, S. J., Benard, S., & Paik, I. (2007). Getting a job: Is there a motherhood penalty? *American Journal of Sociology*, 112(5), 1297-1339.

Czopp, A. M., & Monteith, M. J. (2003). Confronting prejudice (literally): Reactions to confrontations of racial and gender bias. *Personality and Social Psychology Bulletin*, 29(4), 532-544.

Danaher, K., & Crandall, C. S. (2008). Stereotype threat in applied settings re-examined. *Journal of Applied Social Psychology*, 38(6), 1639-1655.

Dasgupta, N., & Asgari, S. (2004). Seeing is believing: Exposure to counterstereotypic women leaders and its effect on the malleability of automatic gender stereotyping. *Journal of Experimental Social Psychology*, 40(5), 642-658.

Davies, P. G., Spencer, S. J., & Steele, C. M. (2005). Clearing the air: Identity safety moderates the effects of stereotype threat on women's leadership aspirations. *Journal of Personality and Social Psychology*, 88(2), 276-287.

DesRoches, C. M., Zinner, D. E., Rao, S. R., Iezzoni, L. I., & Campbell, E. G. (2010). Activities, productivity, and compensation of men and women in the life sciences. *Academic Medicine*, 85(4), 631-639.

Devine, P. G., Forscher, F. S., Austin, A. J., & Cox, W. T. L. (2012). Long-term reduction in implicit race bias: A prejudice habit-breaking intervention. *Journal of Experimental Social Psychology*, 48(6), 1267-1278.

Eagly, A. H., Johannesen-Schmidt, M. C., & van Engen, M. L. (2003). Transformational, transactional, and laissez-faire leadership styles: A meta-analysis comparing women and men. *Psychological Bulletin*, 129(4), 569-591.

Eagly, A. H., & Karau, S. J. (2002). Role congruity theory of prejudice toward female leaders. *Psychological Review*, 109(3), 573-598.

Eagly, A. H., & Koenig, A. M. (2008). Gender prejudice: On the risks of occupying incongruent roles. In E. Borgida, & S. T. Fiske (Eds.), *Beyond common sense: Psychological science in the courtroom* (pp. 63-81). Malden, MA: Blackwell Publishing.

Fields, D. L., & Blum, T. C. (1997). Employee satisfaction in work groups with different gender composition. *Journal of Organizational Behavior*, 18(2), 181-196.

Galinsky, A. D., & Moskowitz, G. B. (2000). Perspective-taking: Decreasing stereotype expression, stereotype accessibility, and in-group favoritism. *Journal of Personality and Social Psychology*, 78(4), 708-724.

Galinsky, A. D. (2002). Creating and reducing intergroup conflict: The role of perspective-taking in affecting out-group evaluations. *Research on Managing Groups and Teams*, 4, 85-113.

Glick, P., Zion, C., & Nelson, C. (1988). What mediates sex discrimination in hiring decisions?

Journal of Personality and Social Psychology, 55(2), 178-186.

Good, J. J., Woodzicka, J. A., & Wingfield, L. C. (2010). The effects of gender stereotypic and counter-stereotypic textbook images on science performance. *Journal of Social Psychology,* 150(2), 132-147.

Harvard University, Project Implicit (2011). Implicit association test (/AT). Retrieved June 27, 2014 from the Project Implicit website, https://implicit.harvard.edu/implicit/demo/

Heilman, M. E. (1984). Information as a deterrent against sex discrimination: The effects of applicant sex and information type on preliminary employment decisions. *Organizational Behavior and Human Performance,* 33(2), 174-186.

Heilman, M. E. (2001). Description and prescription: How gender stereotypes prevent women's ascent up the organizational ladder. *Journal of Social Issues,* 57(4), 657- 674.

Heilman, M. E., Wallen, A. S., Fuchs, D., & Tamkins, M. M. (2004). Penalties for success: Reactions to women who succeed at male gender-typed tasks. *Journal of Applied Psychology,* 89(3), 416-427.

Heilman, M. E., & Okimoto, T. G. (2007). Why are women penalized for success at male tasks?: The implied communality deficit. Journal of Applied Psychology, 92(1), 81- 92.

Isaac, C., Griffin, L., & Carnes, M. (2010). A qualitative study of faculty members' views of women chairs. *Journal of Women's Health,* 19(3), 533-546.

Isaac, C., Lee, 8., & Carnes, M. (2009). Interventions that affect gender bias in hiring: A systematic review. *Academic Medicine,* 84(10), 1440-1446.

Jagsi, R., Motomura, A. R., Griffith, K. A., Rangarajan, 5., & Ubel, P. A. (2009). Sex differences in attainment of independent funding by career development awardees. *Annals of Internal Medicine,* 151(11),804-811.

Jaques, D. (1991). Learning in groups. London: Kogan Page.

Lebrecht, L. J. P., Tarr, M. J., & Tanaka, J. W. (2009). Perceptual other-race training reduces implicit racial bias. *PLoS One,* 4(1), e4215.

Ley, T. J., & Hamilton, B. H. (2008). The gender gap in NIH grant applications. *Science,* 322(5907), 1472-1474.

Lo Sasso, A. T., Richards, M. R., Chou, C. F., & Gerber, S. E. (2011). The $16,819 pay gap for newly trained physicians: the unexplained trend of men earning more than women. *Health Affairs,* 30(2), 193-201.

Lockyer, J., Fidler, H., Ward, R., Basson, R. J., Elliott, S., & Toews, J. (2001). Commitment to change statements: A way of understanding how participants use information and skills taught in an educational session. *Journal of Continuing Education in the Health Professions,* 21(2), 82-89.

Macrae, C. N., Bodenhausen, G. V., & Milne, A. B. (1994). Out of mind but back in sight:

Stereotypes on the rebound. *Journal of Personality and Social Psychology*, 67(5), 808-817.

McConnell, A. R., & Fazio, R. H. (1996). Women as men and people: Effects of gender-marked language. *Personality and Social Psychology Bulletin*, 22(10), 1004-1013.

McGlone, M. S., & Aronson, J. (2007). Forewarning and forearming stereotype-threatened students. *Communication Education*, 56(2), 119-133.

Monteith, M. J., Devine, P. G., & Zuwerink, J. R. (1993). Self-directed versus other-directed affect as a consequence of prejudice-related discrepancies. *Journal of Personality and Social Psychology*, 64(2), 198-210.

Monteith, M. J., Sherman, J. W., & Devine, P. G. (1998). Suppression as a stereotype control strategy. *Personality and Social Psychology Review*, 2(1), 63-82.

Monteith, M. J., Zuwerink, J. R., & Devine, P. G. (1994). Prejudice and prejudice reduction: Classic challenges, contemporary approaches. In P. G. Devine, D. L. Hamilton, T. M. Ostrum (Eds.), *Social cognition: Impact on social psychology* (pp. 323-346). San Diego, CA: Academic Press.

Muchinsky, P. M., & Harris, S. L. (1977). The effect of applicant sex and scholastic standing on the evaluation of job applicant resumes in sex-typed occupations. *Journal of Vocational Behavior*, 11(1), 95-108.

National Academy of Sciences, National Academy of Engineering, & National Institutes of Health. (2007). *Beyond bias and barriers: Fulfilling the potential of women in science and engineering*. Washington, DC: National Academies Press.

National Institutes of Health, Office of Research on Women's Health. (1995). *Women in biomedical careers: Dynamics of change, strategies for the 21st century*. Bethesda, MD: Author.

National Institutes of Health, Office of Research on Women's Health. (2008). *National leadership workshop on mentoring women in biomedical careers*. Bethesda, MD: Author.

National Institutes of Health, Office of Research on Women's Health. (2009). *Women in biomedical research: Best practices for sustaining career success*. Bethesda, MD: Author.

National Science Foundation. (2008). *An overview of science, engineering, and health graduates*: 2006. Retrieved June 27, 2014 from the NSF website, http://www.nsf.gov/statistics/infbrief/nsf08304/

National Science Foundation. (2014). *Science and Engineering Doctorates:* 2011. Retrieved August 21, 2014 from the NSF Survey of Earned Doctorates website, http://www.nsf.gov/statistics/sed/2011 /data_table.cfm

National Science Foundation (2013). *Table 9-25. Science, engineering, and health doctorate holders employed in universities and 4-year colleges, by broad occupation, sex, race/ethnicity, and faculty rank: 2010*. Retrieved August 21, 2014 from the NSF website, http://www.nsf.gov/statistics/wmpd/2013/pdf/tab9-25.pdf

National Science Foundation. (2007). *WebCASPAR*. Retrieved June 27, 2014 from the NSF website, http://webcaspar.nsf.gov

National Science Foundation. (2007). *Women, minorities, and persons with disabilities in science and engineering*: 2007 (NSF No. 07-315). Arlington, VA: Author.

Nelson, D. J. (2007). *A national analysis of diversity in science and engineering faculties at research universities*. Norman, OK: Diversity in Science Association.

Nosek, B. A., Banaji, M. R., & Greenwald, A. G. (2002). Harvesting implicit group attitudes and beliefs from a demonstration website. *Group Dynamics*, 6(1), 101-115.

Nosek, B. A., Smyth, F. L., Sriram, N., Linder, N. M., Devos, T., Ayala, A., Bar-Anan, Y., Bergh, R., Cai, H., Gonsalkorale, K., Kesebir, S., Maliszewski, N., Neto, F., Olli, E., Park, J., Schnabel, K., Shiomura, K., Tulbure, B. T., Wiers, R. W., Somogyi, M., Akrami, N., Ekehammar, B., Vianello, M., Banaji, M. R., & Greenwald, A. G. (2009). National differences in gender-science stereotypes predict national sex differences in science and math achievement. *Proceedings of the National Academy of Sciences*, 106(26), 10593-10597.

Overton, G. K., & MacVicar, R. (2008). Requesting a commitment to change: conditions that produce behavioral or attitudinal commitment. *Journal of Continuing Education in the Health Professions*, 28(2), 60-66.

Pettigrew, T. F. (1998). Intergroup contact theory. *Annual Review of Psychology*, 49, 65-85.

Project Implicit. (2011). *Implicit association test* (/AT). Retrieved June 27, 2014 from the Project Implicit, Harvard University website, https: //implicit. harvard.edu/implicit/demo/

Rosser, V. J. (2003). Faculty and staff members' perceptions of effective leadership: Are there differences between women and men leaders? *Equity & Excellence in Education*, 36(1), 71-81.

Schein, V. E. (2001). A global look at psychological barriers to women's progress in management. *Journal of Social Issues*, 57(4), 675-688.

Sczesny, S., Spreeman, S., & Stahlberg, D. (2006). Masculine= competent? Physical appearance and sex as sources of gender-stereotypic attributions. *Swiss Journal of Psychology*, 65(1), 15-23.

Sheridan, J. T., Fine, E., Pribbenow, C., Handelsman, J., & Carnes, M. (2010). Searching for excellence & diversity: Increasing the hiring of women faculty at one academic medical center. *Academic Medicine*, 85(6), 999-1007.

Shih, M., Pittinsky, T. L., & Ambady, N. (1999). Stereotype susceptibility: Identity salience and shifts in quantitative performance. *Psychological Science*, 10(1), 80-83.

Shollen, S. L., Bland, C. J., Finstad, D. A., & Taylor, A. L. (2009). Organizational climate and family life: How these factors affect the status of women faculty at one medical school. *Academic Medicine*, 84(1), 87-94.

Smith, F. L., Tabak, F., Showail, S., Parks, J. M., & Kleist, J. S. (2005). The name game: Employability evaluations of prototypical applicants with stereotypical feminine and masculine first names. *Sex Roles*, 52(1-2), 63-82.

Spencer, S. J., Steele, C. M., & Quinn, D. M. (1999). Stereotype threat and women's math performance. *Journal of Experimental Social Psychology*, 35(1), 4-28.

Steele, C. M. (1997). A threat in the air. How stereotypes shape intellectual identity and performance. *American Psychologist*, 52(6), 613-629.

Stone, J., Lynch, C. I., Sjomeling, M., & Darley, J.M. (1999). Stereotype threat effects on black and white athletic performance. *Journal of Personality and Social Psychology*, 77(6), 1213-1227.

Strang, D., & Meyer, J. W. (1993). Institutional conditions for diffusion. *Theory and Society*, 22(4), 487-511.

Stroop, J. R. (1935). Studies of interference in serial verbal reactions. *Journal of Experimental Psychology*, 18(6), 643-662.

Tesch, B. J., Wood, H. M., Helwig, A. L., & Nattinger, A. B. (1995). Promotion of women physicians in academic medicine. Glass ceiling or sticky floor? JAMA: *The Journal of the American Medical Association*, 273(13), 1022-1025.

Trix, F., & Psenka, C. (2003). Exploring the color of glass: Letters of recommendation for female and male medical faculty. *Discourse & Society*, 14(2), 191-220.

Uhlmann, E. L., & Cohen, G. L. (2005). Constructed criteria: Redefining merit to justify discrimination. *Psychological Science*, 16(6), 474-480.

Uhlmann, E. L., & Cohen, G. L. (2007). "I think it, therefore it's true": Effects of self-perceived objectivity on hiring discrimination. *Organizational Behavior and Human Decision Processes*, 104(2), 207-223.

Vescio, T. K., Sechrist, G. B., & Paolucci, M. P. (2003). Perspective taking and prejudice reduction: The mediational role of empathy arousal and situational attributions. *European Journal of Social Psychology*, 33(4), 455-472.

Wakefield, J., Herbert, C. P., Maclure, M., Dormuth, C., Wright, J. M., Legare, J., Brett-MacLean, P., & Premi, J. (2003). Commitment to change statements can predict actual change in practice. *Journal of Continuing Education in the Health Professions*, 23(2), 81-93.

Wenneras, C., & Wold, A. (1997). Nepotism and sexism in peer-review. *Nature*, 387(6631), 341-343.

Wigboldus, D. H. J., Semin, G. R., & Spears, R. (2006). Communicating expectancies about others. *European Journal of Social Psychology*, 36(6), 815-824.

Wright, A. L., Schwindt, L.A., Bassford, T. L., Reyna, V. F., Shisslak, C. M., St Germain, P. A., et al. (2003). Gender differences in academic advancement: Patterns, causes, and potential solutions in one US college of medicine. *Academic Medicine*, 78(5), 500-508.

Yoder, B. L. (2011). *Engineering by the numbers*. Retrieved August 21, 2014 from the American Society for Engineering Education website, http://www.asee.org/papers-and-publications/publications/college-profiles/2011-profile-engineering- statistics.pdf

付録 A：参加者用資料

ワークショップの教材が入ったファイルを各参加者に配付することを推奨します。ファイルには以下を含めましょう。

以降のページで、各資料のサンプルを表記しています。

バイアス習慣を断つ：
ジェンダー公正を促進するためのワークショップ
参加者用アジェンダ

イントロダクション

A. ジェンダー公正の背景と概要

B. ペア演習 1: ジェンダー公正の定義

C. ペア演習 2: 学科・専攻や専門分野におけるジェンダー公正の影響力

モジュール 1: 習慣としての潜在的バイアス

A. 無意識のバイアスの根源

B. 潜在連合テスト（IAT）に関するディスカッション

モジュール 2: 職場における潜在的バイアスの特定

A. 概念 1 ～ 3: 期待バイアス、規範的なジェンダー秩序、役割適合／不適合

B. グループ演習：ケーススタディ #1

休憩―5 分

C. 概念 4 ～ 6: 業績の再定義、ステレオタイプ・プライミング、ステレオタイプ脅威

D. グループ演習：ケーススタディ #2

モジュール 3: 潜在的バイアスの影響を減らす戦略

A. 効果のない戦略

B. バイアスを減らす 5 つの戦略

結論

A. 個別演習：アクションに向けたコミットメントの記述

B. 個別演習：プログラムの評価

バイアス習慣を断つ：
ジェンダー公正を促進するためのワークショップ
プレゼンター一覧

プレゼンター

モリー・カーンズ Molly Carnes　医学士、理学修士

ジーン・マンチェスター・ビディック Jean Manchester Biddick ウィメンズ・ヘルス教授

医学科、産業システム工学科

ウィメンズ・ヘルス研究センター Center for Women's Health Research 所長

科学工学分野の女性リーダーシップ研究所 Women in Science and Engineering Leadership Institute: WISELI 共同所長

700 Regent Street, Suite 301, Madison, WI 537

(608) 263-9770

mlcarnes@wisc.edu

パトリシア・デヴィーン Patricia Devine　博士

心理学教授

心理学科　学科長

411 Psychology Building, 1202 W. John Street, Madison, WI 53706

(608) 262-2815

pgdevine@wisc.edu

ファシリテーター

リンダ・バイアー・マンウェル Linda Baier Manwell　理学修士
疫学者
ウィスコンシン大学ウィメンズ・ヘルス研究センター
700 Regent Street, Suite 301
Madison, WI 53715
(608) 265-4273
lbaier@wisc.edu

キャロル・アイザック Carol Isac 博士、理学療法士
リサーチ・アソシエイト
ウィスコンシン大学ウィメンズ・ヘルス研究センター
700 Regent Street, Suite 301
Madison, WI 53715
(608) 263-9770
cisaac@wisc.edu

ジェニファー・シェリダン Jennifer Sheridan 博士
WISELI エグゼクティブ、研究部長
2107 Mechanical Engineering Building 1513 University Avenue
Madison, WI 53706
(608) 263-1196
sheridan@engr.wise.ed

バイアス習慣を断つ：
ジェンダー公正を促進するためのワークショップしおり（オプション）

活用できる戦略

- ステレオタイプを代替する
- 反ステレオタイプ・イメージング
- 個別化
- パースペクティブ・テイキング
- 接触の機会を増やす

バイアスに対するリテラシーを高め、バイアスという習慣を断つ試みを貫き通し（PERSIST）ましょう。

P ＝規範的なジェンダー秩序（Prescriptive Gender Norms）
E ＝期待バイアス（Expectancy Bias）
R ＝業績の再定義（Reconstructing Credentials）
S ＝ステレオタイプ・プライミング（Stereotype Priming）
I ＝役割不適合（Incongruity of Roles）
ST ＝ステレオタイプ脅威（Stereotype Threat）

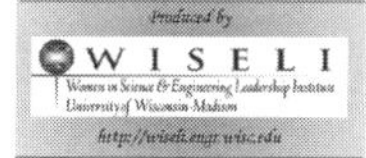

制作：WISELI（科学工学分野の女性リーダーシップ研究所（Women in Science and Engineering Leadership Institute）http://wiseli.engr.wisc.edu
NIH グラント R01 GM088477 による資金援助

バイアス習慣を断つ：
ジェンダー公正を促進するためのワークショップ
ワークショップのプレゼンスライド

ワークショップの目標

本ワークショップでは参加者のみなさんに以下を身につけていただきます。

- 潜在的バイアスについての知識（特にジェンダーに関して）
- 潜在的バイアスが以下にどのように影響を与え得るかに関する理解
  - 助成金の申請
  - 原稿
  - 入試
  - 教員採用候補
  - テニュアや昇進の申請
  - 賞のノミネートと応募
- 自分自身が潜在的バイアスを活用してしまうのを最小限にする戦略

ワークショップの形態

- ３つのモジュール
  - モジュール１：習慣としての潜在的バイアス
  - モジュール２：職場における潜在的バイアスの特定
  - モジュール３：潜在的バイアスの影響を減らす戦略

・講演およびグループディスカッション（進行役付き）

・ワークショップ教材

ご自分の専門分野や職場環境における

ジェンダー公正をどのように定義しますか？

私たちの定義

アカデミックな環境におけるジェンダー公正とは、男性も女性も、教育、雇用、成功、出世、評価、報酬、満足を得る平等な機会を享受できることを意味します。

バイアス習慣を断つ：
ジェンダー公正を促進するためのワークショップ
ケーススタディ #1:
リーダーズ・シアター　ジャネット・ウィリアムソン博士

このケーススタディは女性教員らが待遇と退職の引き止め策に関して経験した実際の体験に基づいている。以下は新しいポジションを受け入れたかれらの選択についての会話をまとめたものである。

ある公立の研究大学の大規模な学科に所属する３人の助教授が教授会を終えてオフィスに戻るため歩いています。かれらは教授会で報告があった年上の教員のジャネット・ウィリアムソン博士がアイビーリーグ機関にポジションを得たため学科を離れるというニュースについて議論しています。

ロジャー：ジャネットがいなくなるなんて信じられない！でも向こうの方がいい大学だから向こうのポジションを選ぶのは分かる。あんなところからのオファーを断る人なんている？

ジェニファー：私は彼女が辞めることにとても驚いたよ。彼女のお子さんはここで学校に通っているし……なぜ今転職するんだろう。夫はもちろんのこと……向こうで彼の仕事も用意したと思う？たぶん転職したかったのは夫でジャネットは帯同配偶者なのかな。ジャネットは献身的な母親だからね。これは本当にショッキングなニュースだった。

ブライアン：彼女のラボスペースをもらったり、教授の役職になったりするのは誰だろう。彼女が辞めることでリソースが浮くからね。それにしても彼女はあまり学科で尊重されていなかったよね。研究センターのリーダーシップ会議からも除外されていたけど、もともと研究センターの発足人だったのに。離れるのも無理ないよ。

ジェニファー：あー、たぶん十分尊重されていると感じなかったから辞めたんだよ。彼女は孤立していたよね。たぶんセンターから除外されて我慢の限界が来たんだよ。この学科の多くの年上の教員たちは彼女の直接的なリーダーシップのスタイルが気に入らなかったんだと思う。本当に残念。とても優秀な科学者で素晴らしい業績もあるのに。国内の評判も高かったし、これでうちの学科のランキングの順位が落ちないといいけど。彼女が獲得していた助成金も彼女と一緒になくなるわけだしね。

ブライアン：直接的すぎるリーダーシップのスタイルというのはその通りだね。「無愛想だった」って言う人もいたよ。

ロジャー：学部長は彼女に残ってもらうために努力したって言い続けていたけど、ジャネットを引き止めるためのオファーはすごく金額が低かったって聞いたよ。彼女ぐらいの地位にある人にとっては侮辱と取られるぐらいに。しかも提示されたのも遅くて、彼女と夫が転職先を２回目に訪問した後だったらしい。もともとジャネットは転職の意思がそんなになかったのに、引く手あまただってことはみんな知っていたんだから、早く何か手を打ってなかったことに驚いた。たぶん本当はそんなに引き止める努力をしなかったんじゃないかな。

ジェニファー：彼女がいなくなると寂しくなるな。個人的にすごく助けてもらっていたし。この学科の女子学生は私とジャネットの２人に集まってくる傾向があったし、彼女は私にすごく有益なキャリアアドバイスやメンタリングをしてくれた。私が初めて書いた助成金申請書類を週末をかけて読んでくれたこともあった。ジャネットが手伝ってくれなかったら獲得できていたか分からない。私にとって彼女はロールモデルだった。特に、彼女はいつも会議で自分の意見を堂々と言い、自立していた。そういうところを無愛想って呼ぶ人もいるのかもしれないけど、特に女性は自分の考えを聞いてもらうにはそうするしかないときもあるんだよね。

ディスカッションの議題：

1. ここまで、**期待バイアス**、**規範的なジェンダー秩序**、**役割不適合**という３つの概念について学んできました。まずは**期待バイアス**について考えてみましょう。
   a. 期待バイアスはジャネットの退職について知った若手教員の反応に

どのように影響していたと考えられますか。

b. 期待バイアスは学科長や学部長が提示した退職引き止めのためのオファーにどのように影響していたと考えられますか。

c. 自分の職場でこれと似たようなケースや議論について遭遇したり耳にしたことはありますか。

2. それでは次に、規範的な**ジェンダー秩序**と**役割不適合**について考えてみましょう。これら2つの概念は密接に関係しています。というのも、女性に対するジェンダー規範は女性がリーダーシップを取るべきだと考えられる役割と相反することも多いからです。

   a. 規範的なジェンダー秩序と役割不適合が学科におけるジャネットの立場に対しどのように影響していたと考えられますか。

   b. 規範的なジェンダー秩序と役割不適合が彼女の退職の引き止めオファーにどのように影響していたと考えられますか。

   c. 規範的なジェンダー秩序と役割不適合によって受ける潜在的な影響について交渉する際、若手女性教員が直面する可能性のある困難とは何でしょうか。また、年上の女性教員は同様の困難に直面し得るでしょうか、または異なるでしょうか。

バイアス習慣を断つ：

ジェンダー公正を促進するためのワークショップ

ケーススタディ #2:
リーダーズ・シアター　サンドラ・トンプソン博士

米国国立衛生研究所は「技術的ブレークスルーを生み出す可能性のあるハイリスクでハイインパクトな生体医学研究に従事する意思のある」研究者に対して助成を行うプログラムへのグラント申請受付を開始すると公表しました。申請の審査基準の１つは応募者に科学的リーダーシップを発揮する能力があるかという点でした。厳正な審査の結果、高名な審査員７名により面接を受ける最終候補者が選ばれました。最終的に受賞者１人が選ばれ、名誉ある200万ドルの助成金が授与されました。

最終候補者の１人に残ったサンドラ・トンプソン助教授は学会でランチを食べながら同僚に面接の時の体験を話しています。

サンドラ・トンプソン博士：あんなに緊張するとは思わなかったからびっくりした！廊下を歩いていたら輝かしい業績で社会にインパクトを残した男性たちの写真に通りかかったの。面接室に案内してくれたアシスタントの方はとってもいい人だったんだけどね。部屋に入る前に安心させるような笑顔を向けてくれて少し落ち着いた。審査員は全員、特にそのうち１人の女性審査員が私の研究にとても興味を持ってくれて、聞かれた質問にも全部答えられた。それでも不安が拭えなくてそれがあらわれちゃっていたのかも。ダン、あなたは助成金を獲得したんだからきっとそんな風には感じていなかったでしょう？

ダニエル・ソーレンソン博士：自分の研究について紹介する前はいつもより緊張していたかもしれない。でもあの一連の写真を見て落ち着いたよ。特に私のポスドク時代のメンターの写真もあったからね。部屋に入ったら自分の研究について話すことができて会話がスムーズに進んだからリラックスできたよ。審査員はみんな私の一番最近のアイディアが領域横断的な性質であることに興味を持っていたよ。実際にレビューには私の研究が領域横断的であったことが選出の理由だって書いてあったよ。

メリッサ・ジョージ博士：冗談でしょう！信じられない！去年全く同じものに応募したけどレビューでは領域横断的「すぎる」って言われて切り捨てられたよ。レビューのコメントには私の研究は風呂敷を広げすぎていて領域集中的な本助成金の目的に適合しないって書いてあった。去年と今年で審査基準は変わっていないはずだから……私も今年応募していたらもっと可能性があったのかな！

サンドラ・トンプソン博士：ダン、あなたの栄光を奪うつもりじゃないんだけど……あなたの研究は素晴らしいし、助成金を獲得できたことも喜ばしいことであるのは間違いないよ。それでも、これまでの私たちの業績は横並びだったし、どうしても私は去年、メリッサは今年応募していたらもっといい結果だったんじゃないかと考えちゃうんだ。もちろん分からないけどね……。

ディスカッションの議題：

1. ここまでで、**業績の再定義、ステレオタイプ・プライミング、ステレオタイプ脅威**という３つの概念といかにこれらが意思決定においてジェンダーバイアスを無意識に生じさせかねないかということを学びました。このケースについてこの３つの概念を念頭に置いた上で考えてみましょう。
   a. ジェンダー・ステレオタイプのプライミングが面接をする審査員たちにどのような影響を与えていたと考えられますか。
   b. ステレオタイプ脅威がトンプソン博士にどのような影響を与えていたと考えられますか。
   c. このケースにおける助成金授与者の決定において、業績の再定義がどの程度関わっていたと考えられますか。
2. ジェンダーステレオタイプによる影響を減らすためにプログラムの告知方法、面接環境、審査プロセスなどをどのように変更すべきだと思いますか。

バイアス習慣を断つ：
ジェンダー公正を促進するためのワークショップ
バイアス関連用語の語録

以下の６つの用語は、ジェンダーバイアスを助長する認知プロセスを特定し、分類する上で役立つ概念である。

1. 期待バイアス[1]：これはある社会的カテゴリーに属する個人に対してその集団のステレオタイプに沿ったふるまいを期待することによって生じる分析上または判断上のバイアスのことを指す。人は肌の色、服装、話し方などの集団への所属を示唆する記号に基づいて様々な社会的カテゴリーに属している。
2. 規範的なジェンダー秩序[2]：理論的には典型的な男性または女性と見られるふるまいを無意識に連想することを規範的なジェンダー秩序と呼ぶ。男性の規範的なふるまいは「作動的」であるとされ、強い、自己主張する、自立している、リスクを取る、野心的、支配的などが含まれる。女性の規範的ふるまいは「共同的」であるとされ、弱い、支援的、育てる、従属的などが含まれる。男性も女性もこうした規範的なジェンダー秩序に違反すると評価上、ペナルティを受けることがある。例えば、女性の規範的ジェンダー秩序に沿ったふるまいをする男性は「女々しい（effeminate）」や「弱虫（wimpy）」のように軽蔑的に形容されることがある。反対に、男性の規範的なジェンダー秩序に沿ったふるまいをする女性に対しては「生意気（bossy）」や「傲慢（domineering）」のような軽蔑的な言い方がされることがある。
3. 役割適合と不適合[3]：高い地位やリーダーシップ的役割はステレオタイプ的な男性の特性が求められる傾向にあるため、これらのポジションにおいては男性に役割適合が存在する。リーダーシップ的立場を求める女性は二重に不利になるが、その理由の１つはこうしたポジションには女性が有する可能性の低いステレオタイプ的な男性スキルが求められるものと想定されるためであり（役割不適合)、また、こうしたポジションに就き、非常に有能な作動的なふるまいをする女性は共同的性質が欠落していると思われるのである。

4. 業績の再定義[4]：うっかりなのかもしれないが、業績の再定義は評価者が個人の業績の価値を男性応募者が男性型の仕事（例：警察署長）に選ばれるよう、そして女性応募者が女性型の仕事（例：女性学の教授）に選ばれるよう調整することを指す。
5. ステレオタイプ・プライミング[5]：これは個人がある課題に従事する前に、男性あるいは女性のステレオタイプを強化するような情報に触れさせることを指す。こうした情報にさらされることによって、その後のふるまいが影響を受け、ジェンダーステレオタイプに沿ったものになる（例：男性のジェンダープライミングのあと評価者は男性をよりステレオタイプ的に男らしいと評価をし、女性のジェンダープライミングのあと女性は従属的な役割に対して自らリーダーシップ的役割を選ぶ可能性が低くなる[6])。
6. ステレオタイプ脅威[7]：これは一貫して観察される現象に対する名称であるが、ネガティブなステレオタイプが存在する集団に属するメンバーであることで、本来の能力よりも低いパフォーマンスしか発揮できなくなり、翻ってステレオタイプを証明してしまうというものである。

参考文献：

1. Wigboldus, D. H. J., Semin, G. R., & Spears, R. (2006). Communicating expectancies about others. *European Journal of Soda/ Psychology*, 36(6), 815-824.
2. Heilman, M. E. (2001). Description and prescription: How gender stereotypes prevent women's ascent up the organizational ladder. *Journal of Social Issues*, 57(1), 657-674.
3. Uhlmann, E. L., & Cohen, G. L. (2005). Constructed criteria: Redefining merit to justify discrimination. *Psychological Science*, 16(6), 474-480.
4. Eagly, A. H., & Karau, S. J. (2002). Role congruity theory of prejudice toward female leaders. *Psychological Review*, 109(3), 573-598.
5. Banaji, M. R., Hardin, C., & Rothman, A. J. (1993). Implicit stereotyping in person judgment. *Journal of Personality and Soda! Psychology*, 65(2), 272-281.
6. Davies, P. G., Spencer, S. J., Steele, C. M. (2005). Clearing the air: Identity safety moderates the effects of stereotype threat on women's leadership aspirations. *Journal of*

Personality and Social Psychology, 88(2), 276-287.

7. Steele, C. M. (1997). A threat in the air. How stereotypes shape intellectual identity and performance. *American Psychologist*, 52(6), 613-629.

バイアス習慣を断つ上で役立つ戦略		
	何をすべきか	例
ステレオタイプ代替[1-3]	ジェンダーバイアスに基づいたステレオタイプ的な思考を持っていたり、そうした描写を見たりすることがあることを認識する	女性教員は男性教員と比べてキャリアへのコミットメントが低く、リーダーシップを必要とする立場を務める機会にも興味がないと思い込むこと 女性や女の子は数学が苦手で、男性は家事ができないという描写
	ある特徴をステレオタイプなものとしてみなし、作動している可能性のある認知プロセスを分類する	期待バイアス、役割不適合、規範的なジェンダー秩序など
	引き金となる因子を特定する	ジェンダーに一致する情報によるプライミング。これまでこの職を務めたのは全員男だった、など
	ステレオタイプではない反応で代替する	「キャリアと家庭を両立しながら成功している女性を個人的にたくさん知っている」 「○○（女性）博士は昨年、[とある大きな責任のある仕事]を率いて素晴らしい業績を残した」
	描写の公平性を疑い、より平等な描写で代替する	リーダーや科学者、エンジニア、医師としての能力を決めるのはジェンダーではなく訓練や経験である
反ステレオタイプ・イメージング[4-5]	ステレオタイプのジェンダーバイアスに基づいた反応をしていることを認識する	学科長や学部長のポジションへの応募者をイメージする時に男性のみを思い浮かべる
	作動している可能性のある認知プロセスを分類する	期待バイアス、役割適合、社会的役割、業績の再定義など
	ステレオタイプではない女性を詳細にイメージすることで、自分の反応を制御する	強い女性や強い女性リーダー（自分の知り合いや著名人など）を詳細にイメージする
個別化（vs.一般化）[6-9]	表面的な印象や「マッチしている」という感覚などに基づいて容易な人事判断をすることを避ける	個人の業績よりも社会的カテゴリーに着目しないように意識する
	決定を下す前に、特定の資格や過去の経験、業績などについてより多くの情報を集める	「こうした機会が生じたときにいつも思い出すのはジョーやヘンリーだけど、誰でも自分の業績やビジョン、計画などを提出できるようなオープンな公募過程にすれば、もっと新しいアイディアを集めたり、女性に関わってもらったりできるかもしれない」
パースペクティブ・テイキング[10-12]	スティグマのある集団のメンバーの（当事者）視点を取り入れ、社会的ステレオタイプによっていかにその人物が不公平な扱いを受けているかを認識する	*自分の能力が疑問視されたら、自分と同じような訓練と努力を経てきた同僚と比べてキャリアにコミットしていないと思われたら、専門的な会議の場で望まない性的な誘いを避けなければいけない状況になったらどう思うか想像する* （当事者視点から）学科・専攻で唯一または最初の有色人種の女性職員だったら、自分がアファーマティブ・アクションのおかげで採用されたと思われていたらどう感じるかを考えてみる 運動障害のある女性だったら雪が降るだけで一日のルーティンがどれほど重労働になるかを想像する
接触の機会を増やす[13-15]	高く権威ある地位にいる女性や有色人種の女性、障害のある女性などとの接触の機会を増やす	自分の立場によるが、より高く権威ある地位の女性と会い、研究の取り組みやアイディア、ビジョンなどを議論する 委員会やカンファレンスの講演者リストの選定などを行う場合は多様な集団の女性を含めるようにする

参考文献：

1. McGlone, M. S., & Aronson, J. (2007). Forewarning and forearming stereotype-threatened students. *Communication Education*, 56(2), 119-133.
2. Monteith, M. J., Devine, P. G., & Zuwerink, J. R. (1993). Self-directed versus other-directed affect as a consequence of prejudice-related discrepancies. *Journal of Personality and Social Psychology*, 64(2), 198-210.
3. Monteith, M. J., Zuwerink, J. R., & Devine, P. G. (1994). Prejudice and prejudice reduction: Classic challenges, contemporary approaches. In P. G. Devine, D. L. Hamilton, T. M. Ostrum (Eds.), *Social cognition: Impact on social psychology* (pp. 323- 346). San Diego, CA: Academic Press.
4. Blair, I. V., Ma, J.E., & Lenton, A. P. (2001). Imagining stereotypes away: The moderation of implicit stereotypes through mental imagery. *Journal of Personality and Social Psychology*, 81(5), 828-841.
5. Dasgupta, N., & Asgari, S. (2004). Seeing is believing: Exposure to counterstereotypic women leaders and its effect on the malleability of automatic gender stereotyping. *Journal of Experimental Social Psychology*, 40(5), 642-658.
6. Muchinsky, P. M., & Harris, S. L. (1977). The effect of applicant sex and scholastic standing on the evaluation of job applicant resumes in sex-typed occupations. *Journal of Vocational Behavior*, 11(1), 95-108.
7. Heilman, M. E. (1984). Information as a deterrent against sex discrimination: The effects of applicant sex and information type on preliminary employment decisions. *Organizational Behavior and Human Performance*, 33(2), 174-186.
8. Glick, P., Zion, C., & Nelson, C. (1988). What mediates sex discrimination in hiring decisions? *Journal of Personality and Social Psychology*, 55(2), 178-186.
9. Lebrecht, L. J. P., Tarr, M. J., & Tanaka, J. W. (2009). Perceptual other-race training reduces implicit racial bias. *PLoS One*, 4(1), e4215.
10. Galinsky, A. D., (2002). Creating and reducing intergroup conflict: The role of perspective-taking in affecting out-group evaluations. *Research on Managing Groups and Teams*, 4, 85-113.
11. Galinsky, A. D., & Moskowitz, G. B. (2000). Perspective-taking: Decreasing stereotype expression, stereotype accessibility, and in-group favoritism. *Journal of Personality and Social Psychology*, 78(4), 708-724.
12. Vescio, T. K., Sechrist, G. 8., & Paolucci, M. P. (2003). Perspective taking and prejudice reduction: The mediational role of empathy arousal and situational attributions. *European Journal of Social Psychology*, 33(4), 455-472.
13. Pettigrew, T. F. (1998). Intergroup contact theory. *Annual Review of Psychology*, 49, 65-85.

14. Brown, R., Eller, A., Leeds, S., & Stace, K. (2007). Intergroup contact and intergroup attitudes: A longitudinal study. *European Journal of Social Psychology*, 37(4), 692-703.
15. Allport, G. W. (1954). *The nature of prejudice. Reading*, MA: Addison-Wesley.

バイアス習慣を断つ：
ジェンダー公正を促進するためのワークショップ「行動へのコミットメント」シート

私は以下の方法を通じて、学科・専攻など当該組織におけるジェンダーバイアスを断つことにコミットします。

私は以下の方法を通じて、私生活におけるジェンダーバイアスを断つことにコミットします。

バイアス習慣を断つ：

ジェンダー公正を促進するためのワークショップ

メモ

バイアス習慣を断つ：
ジェンダー公正を促進するためのワークショップ評価シート

1. 以下のワークショップの各側面がどれぐらい役に立ったかについて、1から3の3段階で評価をしてください。プレゼンテーションやディスカッションについて追加のコメントがあれば用紙の裏に記入してください。

	まったく役立たなかった 1	まあまあ役立った 2	とても役立った 3	参加しなかった NA
イントロダクション	1	2	3	NA
モジュール1：習慣としての潜在的バイアス	1	2	3	NA
モジュール2：職場における潜在的バイアスの特定（バイアスについての6概念）	1	2	3	NA
モジュール3：潜在的バイアスの影響を減らす戦略	1	2	3	NA

2. 以下の尺度を用い、次に示す各概念に関するワークショップの前後のあなたの知識量について教えてください。

0= 知識が全くない　1= 知識がほとんどない　2= 知識が少しある　3= 知識が多くある

概念	知識 ワークショップ前	知識 ワークショップ後
期待バイアス	0　1　2　3	0　1　2　3
規範的なジェンダー秩序	0　1　2　3	0　1　2　3
役割適合・不適合	0　1　2　3	0　1　2　3
業績の再定義	0　1　2　3	0　1　2　3
ステレオタイプ・プライミング	0　1　2　3	0　1　2　3
ステレオタイプ脅威	0　1　2　3	0　1　2　3
バイアスのないふるまいを意識的に実践するための戦略	0　1　2　3	0　1　2　3

3. このワークショップで取り上げられるのを期待していたが、取り上げられなかったトピックは何ですか。

4. このワークショップで学んだことで、今後自分の所属する学科・専攻等において仕事上の人間関係に応用しようと思うことを３つ挙げてください。

a.
b.
c.

5. このワークショップでの体験をよりよくするための改善点やアイディアなどがあれば教えてください。

6. このワークショップ全体の評価を教えてください。

□全く役に立たなかった　□まあまあ役に立った　□とても役に立った

7. このワークショップを知り合いにもすすめますか。

□はい　□いいえ

その理由を教えてください。

8. 他にコメントなどありましたらご記入ください。

バイアス習慣を断つ：
ジェンダー公正を促進するためのワークショップ
参考文献一覧

引用した論文等の全文は所属機関の図書館で参照可能な場合もあります。そうでない場合には我々がオンラインで公開している文献一覧をご利用ください。

https: / /www.zotero.org/groups/wiseli_library/items/collectionKey/DW6H2XVU

Adelson, E. H. (1995). *Checkerboard optical illusion*. Retrieved June 27, 2014 from MIT, Adelson website, http://web.mit.edu/persci/people/adelson/checkershadow_illusion.html

Allport, G. W. (1954). *The nature of prejudice*. Reading, MA: Addison-Wesley.

Aronson, J., Lustina, M. J., Good, C., & Keough, K. (1999). When white men can't do math: Necessary and sufficient factors in stereotype threat. *Journal of Experimental Social Psychology*, 35(1), 29-46.

Ash, A. S., Carr, P. L., Goldstein, R., & Friedman, R.H. (2004). Compensation and advancement of women in academic medicine: Is there equity? *Annals of Internal Medicine*, 141(3), 205-212.

Association of American Medical Colleges (2014). *Table 27: Total graduates by U. S. medical school and sex*, 2009-2013. Retrieved August 21, 2014 from the AAMC website, https: //www.aamc.org/download/321532/data/2013factstable27-2.pdf

Association of American Medical Colleges. (2007). *Women in U.S. academic medicine: Benchmarking and statistics report*, 2006-2007. Washington, DC: Author.

Association of American Medical Colleges (2008). *Women in U.S. academic medicine: Benchmarking and statistics report*, 2007-08. Washington, DC: Author.

Association of American Medical Colleges (2009). *Women in U.S. academic medicine: Benchmarking and statistics report*, 2008-2009. Washington, DC: Author.

Association of American Medical Colleges (2014). *U. S. medical school faculty*, 2011. Retrieved August 21, 2014 from the AAMC website, https: / /www.aamc.org/data/facultyroster/reports/ 272016/ usmsf11.html

Bach, M. (2004). *Shepard's "Turning the tables."* Retrieved June 27, 2014 from Michael Bach's website, http:/ /www.michaelbach.de/ot/sze_shepardTables/index.html

Banaji, M. R., Hardin, C., & Rothman, A. J. (1993). Implicit stereotyping in person judgment.

Journal of Personality and Social Psychology, 65(2), 272-281.

Bern, S. L. (1974). The measurement of psychological androgyny. *Journal of Consulting and Clinical Psychology*, 42(2), 155-162.

Biernat, M., & Kobrynowicz, D. (1997). Gender- and race-based standards of competence: Lower minimum standards but higher ability standards for devalued groups. *Journal of Personality and Social Psychology*, 72(3), 544-557.

Bird, S., Litt, J., & Wang, Y. (2004). Creating status of women reports: Institutional housekeeping as "women's work." *NWSA Journal*, 16(1), 194-206.

Blair, I. V., Ma, J. E., & Lenton, A. P. (2001). *Journal of Personality and Social Psychology*, 81(5), 828-841.

Broaddus, V. C., & Feigal, D. W., Jr. (1994). Starting an academic career. A survey of junior academic pulmonary physicians. *Chest*, 105(6), 1858-1863.

Broverman, I. K., Broverman, D. M., Clarkson, F. E., Rosenkrantz, P. S., & Vogel, S.R. (1970). Sex-role stereotypes and clinical judgments of mental health. *Journal of Consulting and Clinical Psychology*, 34(1), 1-7.

Brown, R., Eller, A., Leeds, S., & Stace, K. (2007). Intergroup contact and intergroup attitudes: A longitudinal study. *European Journal of Social Psychology*, 37(4), 692- 703.

Budden, A. E., Tregenza, T., Aarssen, L. W., Koricheva, J., Leimu, R., & Lortie, C. J. (2008). Double-blind review favours increased representation of female authors. *TRENDS in Ecology and Evolution*, 23(1), 4-6.

Carnes, M. (2006). Gender: Macho language and other deterrents. Letter to the editor. *Nature*, 442, 868.

Carnes, M., Devine, P. G., Isaac, C., Manwell, L. B., Ford, C., Byars-Winston, A., Fine, E., & Sheridan, J. T. (2012). Promoting institutional change through bias literacy. *Journal of Diversity in Higher Education*, 5(2): 63-77.

Carnes, M., Geller, S., Fine, E., Sheridan, J., & Handelsman, J. (2005). NIH director's pioneer awards: Could the selection process be biased against women? *Journal of Women's Health*, 14(8), 684-691.

Carnes, M., Devine, P. G., Manwell, L. B., Byars-Winston, A., Fine, E., Ford, C. E., Forscher, P., Isaac, C., Kaatz, A., Magua, W., Palta, M., & Sheridan, J. (2015). Effect of an intervention to break the gender bias habit: A cluster randomized, controlled trial. *Academic Medicine*, 90(2), 221-230.

Carr, P. L., Ash, A. S., Friedman, R. H., Scaramucci, A., Barnett, R. C., et al. (1998). Relation of family responsibilities and gender to the productivity and career satisfaction of medical faculty. *Annals of Internal Medicine*, 129(7), 532-538.

Correll, S. J., Benard, S., & Paik, I. (2007). Getting a job: Is there a motherhood penalty? *American Journal of Sociology*, 112(5), 1297-1339.

Danaher, K., & Crandall, C. S. (2008). Stereotype threat in applied settings re-examined. *Journal of Applied Social Psychology*, 38(6), 1639-1655.

Dasgupta, N., & Asgari, S. (2004). Seeing is believing: Exposure to counterstereotypic women leaders and its effect on the malleability of automatic gender stereotyping. *Journal of Experimental Social Psychology*, 40(5), 642-658.

Davies, P. G., Spencer, S. J., & Steele, C. M. (2005). Clearing the air: Identity safety moderates the effects of stereotype threat on women's leadership aspirations. *Journal of Personality and Social Psychology*, 88(2), 276-287.

DesRoches, C. M., Zinner, D. E., Rao, S. R., lezzoni, L. I., & Campbell, E. G. (2010). Activities, productivity, and compensation of men and women in the life sciences. *Academic Medicine,* 85(4), 631-639.

Devine, P. G., Forscher, P. S., Austin, A. J., & Cox, W. T. L. (2012). Long-term reduction in implicit race bias: A prejudice habit-breaking intervention. *Journal of Experimental Social Psychology*, 48(6), 1267-1278.

Eagly, A. H., Johannesen-Schmidt, M. C., & van Engen, M. L. (2003). Transformational, transactional, and laissez-faire leadership styles: A meta-analysis comparing women and men. *Psychological Bulletin,* 129(4), 569-591.

Eagly, A. H., & Koenig, A. M. (2008). Gender prejudice: On the risks of occupying incongruent roles. In E. Borgida, & S. T. Fiske (Eds.), *Beyond common sense: Psychological science in the courtroom* (pp. 63-81). Malden, MA: Blackwell Publishing.

Eagly, A. H., & Karau, S. J. (2002). Role congruity theory of prejudice toward female leaders. *Psychological Review*, 109(3), 573-598.

Galinsky, A. D., & Moskowitz, G. B. (2000). Perspective-taking: Decreasing stereotype expression, stereotype accessibility, and in-group favoritism. *Journal of Personality & Social Psychology*, 78(4), 708-724.

Galinsky, A. D., (2002). Creating and reducing intergroup conflict: The role of perspective-taking in affecting out-group evaluations. *Research on Managing Groups and Teams*, 4, 85-113.

Glick, P., Zion, C., & Nelson, C. (1988). What mediates sex discrimination in hiring decisions? *Journal of Personality and Social Psychology*, 55(2), 178-186.

Good, J. J., Woodzicka, J. A., & Wingfield, L. C. (2010). The effects of gender stereotypic and counter-stereotypic textbook images on science performance. *Journal of Social Psychology*, 150(2), 132-147.

Harvard University, Project Implicit (2011). *Implicit association test (/AT)*. Retrieved June 27, 2014 from the Project Implicit website, https://implicit.harvard.edu/implicit/demo/

Heilman, M. E. (1984). Information as a deterrent against sex discrimination: The effects of applicant sex and information type on preliminary employment decisions. *Organizational Behavior and Human Performance,* 33(2), 174-186.

Heilman, M. E. (2001). Description and prescription: How gender stereotypes prevent women's ascent up the organizational ladder. *Journal of Social Issues*, 57(4), 657- 674.

Heilman, M. E., Wallen, A. S., Fuchs, D., & Tamkins, M. M. (2004). Penalties for success: Reactions to women who succeed at male gender-typed tasks. *Journal of Applied Psychology*, 89(3), 416-427.

Heilman, M. E., & Okimoto, T. G. (2007). Why are women penalized for success at male tasks?: The implied communality deficit. *Journal of Applied Psychology*, 92(1), 81 - 92.

Isaac, C., Griffin, L., & Carnes, M. (2010). A qualitative study of faculty members' views of women chairs. *Journal of Women's Health*, 19(3), 533-546.

Isaac, C., Lee, B., & Carnes, M. (2009). Interventions that affect gender bias in hiring: A systematic review. *Academic Medicine*, 84(10), 1440-1446.

Jagsi, R., Motomura, A. R., Griffith, K. A., Rangarajan, S., & Ubel, P. A. (2009). Sex differences in attainment of independent funding by career development awardees. *Annals of Internal Medicine*, 151(11), 804-811.

Lebrecht, L. J. P., Tarr, M. J., & Tanaka, J. W. (2009). Perceptual other-race training reduces implicit racial bias. *PLoS One*, 4(1), e4215.

Ley, T. J., & Hamilton, B. H. (2008). The gender gap in NIH grant applications. *Science,* 322(5907), 1472-1474.

Lo Sasso, A. T., Richards, M. R., Chou, C. F., & Gerber, S. E. (2011). The $16,819 pay gap for newly trained physicians: The unexplained trend of men earning more than women. *Health Affairs*, 30(2), 193-201.

Macrae, C. N., Bodenhausen, G. V., & Milne, A. B. (1994). Out of mind but back in sight: Stereotypes on the rebound. *Journal of Personality and Social Psychology,* 67(5), 808-817.

McConnell, A. R., & Fazio, R. H. (1996). Women as men and people: Effects of gender-marked language. *Personality and Social Psychology Bulletin,* 22(10), 1004-1013.

McGlone, M. S., & Aronson, J. (2007). Forewarning and forearming stereotype-threatened students. *Communication Education*, 56(2), 119-133.

Monteith, M. J., Devine, P. G., & Zuwerink, J. R. (1993). Self-directed versus other-directed affect as a consequence of prejudice-related discrepancies. *Journal of Personality and Social Psychology*, 64(2), 198-210.

Monteith, M. J., Sherman, J. W., & Devine, P. G. (1998). Suppression as a stereotype control strategy. *Personality and Social Psychology Review,* 2(1), 63-82 .

Monteith, M. J., Zuwerink, J. R., & Devine, P. G. (1994). Prejudice and prejudice reduction: Classic challenges, contemporary approaches. In P. G. Devine, D. L. Hamilton, T. M.

Ostrum (Eds.), *Social cognition: Impact on social psychology* (pp. 323-346). San Diego, CA: Academic Press.

Muchinsky, P. M., & Harris, S. L. (1977). The effect of applicant sex and scholastic standing on the evaluation of job applicant resumes in sex-typed occupations. *Journal of Vocational Behavior*, 11(1), 95-108.

National Academy of Sciences, National Academy of Engineering, & National Institutes of Health (2007). *Beyond bias and barriers: Fulfilling the potential of women in science and engineering*. Washington, DC: National Academies Press.

National Institutes of Health, Office of Research on Women's Health (1995). *Women in biomedical careers: Dynamics of change, strategies for the 21st century*. Bethesda, MD: Author.

National Institutes of Health, Office of Research on Women's Health (2008). *National leadership workshop on mentoring women in biomedical careers*. Bethesda, MD: Author.

National Institutes of Health, Office of Research on Women's Health (2009). *Women in biomedical research: Best practices for sustaining career success*. Bethesda, MD: Author.

National Science Foundation. (2008). *An overview of science, engineering, and health graduates:* 2006. Retrieved June 27, 2014 from the NSF website, http://www.nsf.gov/statistics/infbrief/ nsf08304/

National Science Foundation (2014). *Science and Engineering Doctorates*: 2011. Retrieved August 21, 2014 from the NSF Survey of Earned Doctorates website, http:// www.nsf.gov/statistics/sed/2011 /data_table.cfm

National Science Foundation (2013). *Table 9-25. Science, engineering, and health doctorate holders employed in universities and 4-year colleges, by broad occupation, sex, race/ethnicity, and faculty rank*: 2010. Retrieved August 21, 2014 from the NSF website, http://www.nsf.gov/statistics/wmpd/2013/pdf/tab9-25.pdf

National Science Foundation (2014). *WebCASPAR*. Retrieved June 27, 2014 from the NSF website, http: //webcaspar.nsf.gov ·

National Science Foundation. (2007). *Women, minorities, and persons with disabilities in science and engineering:* 2007 (NSF No. 07-315). Arlington, VA: Author.

Nelson, D. J. (2007). *A national analysis of diversity in science and engineering faculties at research universities*. Norman, *OK*: Diversity in Science Association.

Nosek, B. A., Banaji, M. R., & Greenwald, A.G., (2002). *Harvesting implicit group attitudes and beliefs from a demonstration website*. Group Dynamics, 6(1), 101-115.

Nosek, B. A., Smyth, F. L., Sriram, N., Linder, N. M., Devos, T., Ayala, A., Bar-Anan, Y., Bergh, R., Cai, H., Gonsalkorale, K., Kesebir, S., Maliszewski, N., Neto, F., Olli, E., Park,

J., Schnabel, K., Shiomura, K., Tulbure, B. T., Wiers, R. W., Somogyi, M., Akrami, N., Ekehammar, &, Vianello, M., Banaji, M. R., & Greenwald, A. G. (2009). National differences in gender-science stereotypes predict national sex differences in science and math achievement. *Proceedings of the National Academy of Sciences,* 106(26), 10593-10597.

Overton, G. K., & MacVicar, R. (2008). Requesting a commitment to change: Conditions that produce behavioral or attitudinal commitment. *Journal of Continuing Education in the Health Professions*, 28(2), 60-66.

Pettigrew, T. F. (1998). Intergroup contact theory. *Annual Review of Psychology*, 49, 65-85.

Project Implicit (2011). *Implicit association test (IAT).* Retrieved June 27, 2014 from the Project Implicit, Harvard University website, https://implicit.harvard.edu/implicit/demo/

Rosser, V. J. (2003). Faculty and staff members' perceptions of effective leadership: Are there differences between women and men leaders? *Equity & Excellence in Education*, 36(1), 71-81.

Schein, V. E. (2001). A global look at psychological barriers to women's progress in management. *Journal of Social Issues*, 57(4), 675-688.

Sczesny, S., Spreeman, S., & Stahlberg, D. (2006). Masculine= competent? Physical appearance and sex as sources of gender-stereotypic attributions. *Swiss Journal of Psychology*, 65(1), 15-23.

Sheridan, J. T., Fine, E., Pribbenow, C., Handelsman, J., & Carnes, M. (2010). Searching for excellence & diversity: Increasing the hiring of women faculty at one academic medical center. *Academic Medicine*, 85(6), 999-1007.

Shih, M., Pittinsky, T. L., & Ambady, N. (1999). Stereotype susceptibility: Identity salience and shifts in quantitative performance. *Psychological Science,* 10(1), 80-83.

Shollen, S. L., Bland, C. J., Finstad, D. A., & Taylor, A. L. (2009). Organizational climate and family life: How these factors affect the status of women faculty at one medical school. *Academic Medicine,* 84(1), 87-94.

Smith, F. L., Tabak, F., Showail, S., Parks, J.M., & Kleist, J. S. (2005). The name game: Employability evaluations of prototypical applicants with stereotypical feminine and masculine first names. *Sex Roles*, 52(1-2), 63-82.

Spencer, S. J., Steele, C. M., & Quinn, D. M. (1999). Stereotype threat and women's math performance. *Journal of Experimental Social Psychology*, 35(1), 4-28.

Steele, C. M. (1997). A threat in the air. How stereotypes shape intellectual identity and performance. *American Psychologist*, 52(6), 613-629.

Stone, J., Lynch, C. I., Sjomeling, M., & Darley, J.M. (1999). Stereotype threat effects on black and white athletic performance. *Journal of Personality and Social Psychology*, 77(6),

1213-1227.

Stroop, J. R. (1935). Studies of interference in serial verbal reactions. *Journal of Experimental Psychology*, 18(6), 643-662.

Tesch, B. J., Wood, H. M., Helwig, A. L., & Nattinger, A. B. (1995). Promotion of women physicians in academic medicine. Glass ceiling or sticky floor? *JAMA: The Journal of the American Medical Association*, 273(13), 1022-1025.

Trix, F., & Psenka, C. (2003). Exploring the color of glass: Letters of recommendation for female and male medical faculty. *Discourse & Society,* 14(2), 191-220.

Uhlmann, E. L., & Cohen, G. L. (2005). Constructed criteria: Redefining merit to justify discrimination. *Psychological Science,* 16(6), 474-480.

Uhlmann, E. L., & Cohen, G. L. (2007). "I think it, therefore it's true": Effects of self-perceived objectivity on hiring discrimination. *Organizational Behavior and Human Decision Processes*, 104(2), 207-223.

Vescio, T. K., Sechrist, G. B., & Paolucci, M. P. (2003). Perspective taking and prejudice reduction: The mediational role of empathy arousal and situational attributions. *European Journal of Social Psychology*, 33(4), 455-472.

Wakefield, J., Herbert, C. P., Madure, M., Dormuth, C., Wright, J. M., Legare, J., Brett-MacLean, P., & Premi, J. (2003). Commitment to change statements can predict actual change in practice. *Journal of Continuing Education in the Health Professions,* 23(2), 81-93.

Wenneras, C., & Wold, A. (1997). Nepotism and sexism in peer-review. *Nature*, 387(6631), 341-343.

Wigboldus, D. H. J., Semin, G. R., & Spears, R. (2006). Communicating expectancies about others. *European Journal of Social Psychology*, 36(6), 815-824.

Wright, A. L., Schwindt, L. A., Bassford, T. L., Reyna, V. F., Shisslak, C. M., St. Germain, P. A., et al. (2003). Gender differences in academic advancement: Patterns, causes, and potential solutions in one US college of medicine. *Academic Medicine*, 78(5), 500-508.

Yoder, B. L. (2011). *Engineering by the numbers*. Retrieved August 21, 2014 from the American Society for Engineering Education website, http://www.asee.org/papers-and-publications/publications/college-profiles/2011-profile-engineering- statistics. pdf

付録 B：プレゼンター用資料

以下の資料はワークショップのプレゼンター用のものです。

以後のページに各資料のサンプルが載せてあります。

バイアス習慣を断つ：
ジェンダー公正を促進するためのワークショップ プレゼンター用アジェンダ詳細

イントロダクション — 合計 25 分

A. 挨拶、スピーカー紹介、始まりの言葉 — 5 分
B. ジェンダー公正の背景と概要（少人数グループによる演習 2 回を含む）— 20 分
  1. ペア演習 1:「ジェンダー公正を定義してみよう」— 2 分（1 分でペア／少人数グループのディスカッション、1 分で議論した内容の共有）
  2. ペア演習 2:「ジェンダー公正の利点を 3 つ考えてみよう」— 2 分（1 分でペア／少人数グループのディスカッション、1 分で議論した内容の共有）

モジュール 1: 潜在的バイアスという習慣 — 合計 35 分

A. 無意識のバイアスの根源（知覚／錯覚に係るアクティビティ含む）— 20 分
B. 潜在連合テスト（IAT）に関するディスカッション — 5 分
C. 無意識のバイアスの根源（続き）

モジュール 2: 職場における潜在的バイアスの特定 — 合計 60 分

A. 概念 1 から概念 3 までのプレゼンテーション（少人数グループによる演習を含む）— 30 分
  1. グループ演習：リーダーズ・シアター、ケーススタディ #1
    - 少人数グループによるディスカッション — 5 分まで
    - 大人数グループによるディスカッション — 3 分まで

休憩 — 5 分

A. 概念 1 から概念 3 までのプレゼンテーション（少人数グループによる演習を含む）— 25 分
  1. グループ演習：リーダーズ・シアター、ケーススタディ #2
    - 少人数グループによるディスカッション — 5 分まで

- 大人数グループによるディスカッション ―3分まで

モジュール3: 潜在的バイアスによる影響を減らす戦略 ― 合計20分

A. 個人でできるバイアスを減らす戦略についてのプレゼンテーション ― 15分

B. 個別演習：「行動へのコミットメント」シートの記入 ― 5分

結論、ワークショップ評価シートの記入 ― 10分

バイアス習慣を断つ：
ジェンダー公正を促進するためのワークショップ
ワークショップのチェックリスト

ワークショップの準備

- □ 部門担当者　名前／電話番号：＿＿＿＿＿＿＿＿＿＿
- □ 部屋の予約および AV 機器設定の担当者
  名前／電話番号：＿＿＿＿＿＿＿＿
- □ ワークショップの 3 日前に参加者に IAT へのリンクをメールする
- □ ワークショップの前日にワークショップのプレゼンターにリマインドのメール／電話をする

参加者配布ファイル

- □ アジェンダ
- □ プレゼンターリスト
- □ しおり
- □ スライド資料（1 ページあたりスライド 3 枚。スライド 19 ～ 22、24 ～ 25、72 ～ 78 は印刷しない）
- □ ケーススタディ #1
- □ ケーススタディ #2
- □ バイアス関連用語の語録
- □ バイアスを減らす戦略の一覧表
- □ 「行動へのコミットメント」シート（複写式用紙、必要に応じてホッチキス留め）
- □ ワークショップ評価シート
- □ 参考文献一覧
- □ メモページ（2 枚）

他の必須アイテム

- □ ファシリテーター用アジェンダ
- □ 「行動へのコミットメント」シートと評価シート用の封筒（各テーブル

1、2枚）

- □ テーブル天板の演習のためのスライドフィルム（4セット程度）
- □ ペン
- □ プレゼンスライドを保存したノートパソコン、プロジェクター、延長ケーブル、レーザーポインター／クリッカー、スライドのバックアップが入ったUSBメモリ
- □ 名札とマジックペン
- □ 参加者名簿

その他のアイテム（必須ではない）

- □ 小冊子「科学・工学分野における女性の活躍推進（*Fostering Success for Women in Science and Engineering*）」（http://wiseli.engr.wisc.edu/docs/FosteringSuccessBrochure.pdf）
- □ 小冊子「アカデミアにおけるダイバーシティ実現の利点と課題（*Benefits and Challenges of Diversity in Academic Settings*）」（http://wiseli.engr.wisc.edu/docs/Benefits_Challenges.pdf）
- □ コーヒーや飲み物を提供する場合は、紙コップ、コーヒーフレッシュ、砂糖、マドラーなど
- □ 食べ物を提供する場合は、紙皿、ナプキン、プラスチックカトラリー、調味料類など

バイアス習慣を断つ：
ジェンダー公正を促進するためのワークショップチラシ

バイアス習慣を断つ

ジェンダー公正を促進するためのワークショップ

約２時間半のワークショップでは以下の内容を扱います。

- 科学、技術、工学、数学、医学（STEMM）のアカデミアに属する女性に対して、潜在的（無意識的）なジェンダーバイアスがどのような影響を与えているのかを解説します。
- 潜在的バイアスが男女双方に影響する実際の現象であることをエビデンスと共に提示します。
- STEMM 分野の職場においてジェンダーバイアスが現れる６つの典型例を紹介します。
- ジェンダーバイアスを減らすために日々の生活で活用できる５つの戦略を紹介します。

優秀な教員、特に女性教員に組織に定着し、活躍してほしいと考えていますか。自分の判断が潜在的な（無意識の）バイアスの影響を受けているのではないかと心配になったことはありますか。自分の認識や判断がステレオタイプに左右されていることに気づいたことはありますか。こうしたバイアス習慣を断ちたいと思いますか。

このワークショップでは潜在的なジェンダーバイアスについての話をし、認識する上で必要となる用語を紹介し、その影響を減らしてより公正で生産的な職場経験を生み出すため、エビデンスに基づいた戦略を提示します。

バイアスに関する研究において近年成し遂げられた大きな進歩は潜在的バイアスを測定できるようになったことです。このワークショップをより個人に関係するものだと感じてもらうため、参加者にはワークショップの数日前にオンラインで潜在連合テスト（IAT）を受験してもらいます。ワークショップでは IAT の結果をどのように解釈すべきかについての情報および IAT がどのように無意図的な形であらわれるバイアスを測定しているかなどを紹介します。

過去の参加者の声：

「このワークショップの内容は、ジェンダーだけでなく幅広い領域のバイアスに応用できると思う」

「ジェンダーバイアスと学科運営との関係まで価値ある情報ばかりだった」

「ジェンダーバイアスに関する様々な研究や、それがいかに男女両方に影響しているかについて知ることができた」

「バイアスに対する意識が向上した！」

「科学的見地に基づく潜在的バイアスの話は得てして感情的になりがちなこのトピックを『公平に』紹介していた」

バイアス習慣を断つ：

ジェンダー公正を促進するためのワークショップ

ケーススタディ #1:
リーダーズ・シアター　ジャネット・ウィリアムソン博士

プレゼンター用

ある公立の研究大学の大規模な学科に所属する３人の助教授が教授会を終えてオフィスに戻るため歩いています。かれらは教授会で報告があった年上の教員のジャネット・ウィリアムソン博士がアイビーリーグ機関にポジションを得たため学科を離れるというニュースについて議論しています。

ロジャー：ジャネットがいなくなるなんて信じられない！でも、向こうの方がいい大学だから向こうのポジションを選ぶのは分かる。あんなところからのオファーを断る人なんている？

ジェニファー：私は彼女が辞めることにとても驚いたよ。彼女のお子さんはここで学校に通っているし……なぜ今転職するんだろう。夫はもちろんのこと……向こうで彼の仕事も用意したと思う？たぶん転職したかったのは夫でジャネットは帯同配偶者なのかな。ジャネットは献身的な母親だからね。これは本当にショッキングなニュースだった。

ブライアン：彼女のラボスペースをもらったり、教授の役職になったりするのは誰だろう。彼女が辞めることでリソースが浮くからね。それにしても彼女はあまり学科で尊重されていなかったよね。研究センターのリーダーシップ会議からも除外されていたけど、もともと研究センターの発足人だったのに。離れるのも無理ないよ。

ジェニファー：あー、たぶん十分尊重されていると感じなかったから辞めたんだよ。彼女は孤立していたよね。たぶんセンターから除外されて我慢の限界が来たんだよ。この学科の多くの年上の教員たちは彼女の直接的なリーダーシップのスタイルが気に入らなかったんだと思う。本当に残念。とても優秀な科学者で素晴らしい業績もあるのに。国内の評判も高かったし、これでうちの学科のランキングの順位が落ちないといいけど。彼女が獲得していた助成金も彼女と一緒になくなるわけだしね。

ブライアン：直接的すぎるリーダーシップのスタイルというのはその通りだね。「無愛想だった」って言う人もいたよ。

ロジャー：学部長は彼女に残ってもらうために努力したって言い続けていたけど、ジャネットを引き止めるためのオファーはすごく金額が低かったって聞いたよ。彼女ぐらいの地位にある人にとっては侮辱と取られるぐらいに。しかも提示されたのも遅くて、彼女と夫が転職先を２回目に訪問した後だったらしい。もともとジャネットは転職の意思がそんなになかったのに、引く手あまただってことはみんな知っていたんだから、早く何か手を打ってなかったことに驚いた。たぶん本当はそんなに引き止める努力をしなかったんじゃないかな。

ジェニファー：彼女がいなくなると寂しくなるな。個人的にすごく助けてもらっていたし。この学科の女子学生は私とジャネットの２人に集まってくる傾向があったし、彼女は私にすごく有益なキャリアアドバイスやメンタリングをしてくれた。私が初めて書いた助成金申請書類を週末をかけて読んでくれたこともあった。ジャネットが手伝ってくれなかったら獲得できていたか分からない。私にとって彼女はロールモデルだった。特に、彼女はいつも会議で自分の意見を堂々と言い、自立していた。そういうところを無愛想って呼ぶ人もいるのかもしれないけど、特に女性は自分の考えを聞いてもらうにはそうするしかないときもあるんだよね。

ディスカッションの進行：プレゼンター用ガイド

注：参加者の資料には以下に太字で記載されている質問文が印刷されていますが、点線で記載されている回答や補足質問などは印刷されていません。

次のようにディスカッションを始めましょう。ここまで、**期待バイアス、規範的なジェンダー秩序、役割不適合**という３つの概念について学んできました。まずは**期待バイアス**について考えてみましょう。

A. まずは期待バイアスについて考えてみましょう。

次の質問をしてみましょう。

a. 期待バイアスはジャネットの退職について知った若手教員の反応にどのように影響していたと考えられますか。

参加者の回答例：

- 母役割のバイアス：ジャネットは学校に通う年齢の子どもがいる母親であるため、引越しをして家族の生活を乱したくないと考えるだろうという期待。
- 妻役割のバイアス：妻は夫のキャリアに従うものだという期待がジャネットの母親という役割に対する違反と退職理由の説明として利用されている。（注：このような期待により、ジャネットの決断には学科の組織風土やジェンダーバイアスが関わっていたかどうかを学科の教員が検討することがいかに阻まれているか（またはその可能性があるか）について話し合ってみましょう。）
- 他大学からのオファーが断るには好条件すぎるという期待：これはジェンダーバイアスに基づいているわけではないが、このような期待をすることにより、学科の組織風土やジェンダーバイアスがジャネットの決断に関係していたかどうかを学科の教員が検討することを阻む可能性がある。

何も回答が出てこない場合、次のような補足質問や誘導質問をしてみましょう。

- 母親であるというジャネットの属性に対する期待はどのようにこれらの教員の反応にあらわれていたと思いますか。
- 妻は夫のキャリアに従うものだという期待はどのような役割を果たしていますか。

b. 期待バイアスは学科や学部長が提示した退職引き止めのためのオファー

にどのように影響していたと考えられますか。

参加者の回答例：

- 母役割のバイアス：ジャネットは学校に通う年齢の子どもがいる母親であるため、引越しをして家族の生活を乱したくない／乱すべきではないと考えるだろうという期待。これにより、学科や学部長が彼女に対して退職引き止めオファーをすぐに検討したり要求しなかった可能性がある。
- 妻役割のバイアス：妻は夫のキャリアに従うものだという期待によって、学科や学部長は退職引き止めオファーではジャネットの考えを変えることにつながらないだろうと考え、積極的に検討しなかった。
- 女性と報酬に関する期待：これは雇用者が「適正な報酬」を検討する上で、しばしば男性と女性に対して異なる基準を持っていることを示す明らかなエビデンスである。女性にとって「いい給料」だと思われている金額でも男性にとっての「いい給料」と必ずしも同等であるとは限らない。これによって学科や学部長はジャネットを引き止めるためのオファーの額を低く見積もってしまった可能性がある。
- 他大学からのオファーが断るには好条件すぎるという期待：これはジェンダーバイアスに基づいているわけではないが、このような期待をすることにより、学科の組織風土やジェンダーバイアスがジャネットの決断に関係していたかどうかを学科の教員が検討することを阻む可能性がある。

何も回答が出てこない場合、次のような補足質問や誘導質問をしてみましょう。

- 母親であるというジャネットの属性に対する期待がどのように学科長・学部長の反応に現れていたと思いますか。
- 妻は夫のキャリアに従うものだという期待はここでどのような役割を果たしていますか。
- 給料や報酬に関する期待や予想は学部長や学科がジャネットを引き止めるために提示したオファーの金額にどれぐらい影響していたと思いますか。

c. 自分の職場でこれと似たようなケースや議論について遭遇したり耳にし

たことはありますか。

B. それでは次に、規範的なジェンダー秩序と役割不適合について考えてみましょう。

続く質問の導入として、以下に言及しましょう。

これら2つの概念は密接に関係しています。というのも、女性に対するジェンダー規範は女性がリーダーシップを取るべきだと考えられる役割と相反することも多いからです。

続けて、以下の問いを投げかけましょう。

a. 規範的なジェンダー秩序と役割不適合が学科におけるジャネットの立場に対しどのように影響していたと考えられますか。

参加者の回答例：

- ジャネットのリーダーシップスタイルは「率直すぎる」「遠慮がない」と形容されていた。ジャネットはリーダーとして決断力があり指導的であるというよりも優しく暖かく従属的であるべきだとする規範的なジェンダー秩序に違反していたのかもしれない。それによって学科の職員に嫌われたり、敵対的で無愛想と思われたり、見下されてしまったのかもしれない。
- 他に関連する論点の例：
  - ジャネットは本当に遠慮のない人だったのでしょうか、それともジェンダー規範に違反していたばかりにそのように思われていただけなのでしょうか。
  - 彼女が本当に遠慮のない人だったのなら……これは女性がリーダーとして成功するための方法ですか。もしジェンダー規範に沿ったふるまいをしたら、つまり、やわらかい話し方で親切で優しい場合、女性が直面し得るリスクはありますか。大人しすぎてリーダーとして必要な性質を備えていないと思われることはないでしょうか。
  - 男性リーダーが遠慮のない人だったとしても、あくまで男性のジェンダー規範に沿った態度を取っているので、より自由度があるでしょうか。

何も回答が出てこない場合、次のような補足質問や誘導質問をしてみましょう。

- 大規模な研究センターのリーダーというジャネットの役割はどのように規範的なジェンダー秩序と相反していたと考えられますか。
- ジャネットのリーダーシップを取る役割と規範的なジェンダー秩序が相反していることに対して学科の人たちはどのように反応していたと考えられますか。
- 女性のジェンダー規範に沿った態度やふるまいをしていた場合、ジャネットがリーダーとして成功する上でどのような影響があったと考えられますか。
- 男性のジェンダー規範とリーダー的役割はどのように重なっていますか。

b. 規範的なジェンダー秩序と役割不適合が彼女の退職の引き止めオファーにどのように影響していたと考えられますか。

参加者の回答例：

- ジャネットが自身の所属する学科で尊重されていなかったことで彼女が国内で高い評価を得ていることや他大学が積極的に彼女を勧誘するだろうというリスクが看過されてしまった。
- ジャネットが国内で高い評価を受けていることについて認識が不足していた結果、他大学に彼女を取られることでネガティブな影響が生じ得ることについて気付くことができなかった。

c. 規範的なジェンダー秩序と役割不適合によって受ける潜在的な影響について交渉する際、若手女性教員が直面する可能性のある困難とは何でしょうか。また、年上の女性教員は同様の困難に直面し得るでしょうか、または異なるでしょうか。

参加者の回答例：

- 教員として成功している若手女性（自立している、自己アピールがうまい、自分の専門分野において積極的に意見を述べる、クラスやラボ、診療室、病院等においてリーダーとしてふるまう）も規範的なジェンダー秩序に違反している可能性がある。こうしたふるまいによって嫌われたり見下されたりした場合には、委員会や授業の編成、賞の授与、テニュアなど多くの側面で評価に影響がある可能性がある。一方で、ジェンダー規範に違反せず、やわらかい話し方で静かで従順な態度を取った場合、まともに話を聞いてもらえなかったり尊敬されなかったりするなどの同様のリスクに直面することがある。年上の女性、つまりリーダーシップを取るポジションにいる可能性がより高いわけだが、若手女性よりもリスクが大きいかもしれない。

何も回答が出てこない場合、次のような補足質問や誘導質問をしてみましょう。

- 成功している若手教員の特性として典型的に関連付けられる特徴は女性のジェンダー的役割と一致しているでしょうか、それとも一致していないでしょうか。
- 女性のジェンダー規範に違反することで若手女性はどのようなリスクに直面する可能性があるでしょうか。
- 女性のジェンダー規範に従うことで若手女性はどのようなリスクに直面する可能性があるでしょうか。
- 若手女性が直面し得るリスクは年上の女性とは異なるでしょうか。

バイアス習慣を断つ：
ジェンダー公正を促進するためのワークショップ
ケーススタディ #2:
リーダーズ・シアター　サンドラ・トンプソン博士

プレゼンター用

米国国立衛生研究所は「技術的ブレークスルーを生み出す可能性のあるハイリスクでハイインパクトな生体医学研究に従事する意思のある」研究者に対して助成を行うプログラムへのグラント申請受付を開始すると公表しました。申請の審査基準の１つは応募者に科学的リーダーシップを発揮する能力があるかという点でした。厳正な審査の結果、高名な審査員７名により面接を受ける最終候補者が選ばれました。最終的に受賞者１人が選ばれ、名誉ある200万ドルの助成金が授与されました。

最終候補者の１人に残ったサンドラ・トンプソン助教授は学会でランチを食べながら同僚に面接の時の体験を話しています。

サンドラ・トンプソン博士：あんなに緊張するとは思わなかったからびっくりした！廊下を歩いていたら輝かしい業績で社会にインパクトを残した男性たちの写真に通りかかったの。面接室に案内してくれたアシスタントの方はとってもいい人だったんだけどね。部屋に入る前に安心させるような笑顔を向けてくれて少し落ち着いた。審査員は全員、特にそのうち１人の女性審査員が私の研究にとても興味を持ってくれて、聞かれた質問にも全部答えられた。それでも不安が拭えなくてそれがあらわれちゃっていたのかも。ダン、あなたは助成金を獲得したんだからきっとそんな風には感じていなかったでしょう？

ダニエル・ソーレンソン博士：自分の研究について紹介する前はいつもより緊張していたかもしれない。でもあの一連の写真を見て落ち着いたよ。特に私のポスドク時代のメンターの写真もあったからね。部屋に入ったら自分の研究について話すことができて会話がスムーズに進んだからリラックスできたよ。審査員はみんな私の一番最近のアイディアが領域横断的な性質であることに興味を持っていたよ。実際にレビューには私の研究が領域横断的であったことが選出の理由だって書いてあったよ。

メリッサ・ジョージ博士：冗談でしょう！信じられない！去年全く同じものに応募したけどレビューでは領域横断的「すぎる」って言われて切り捨てられたよ。レビューのコメントには私の研究は風呂敷を広げすぎていて領域集中的な本助成金の目的に適合しないって書いてあった。去年と今年で審査基準は変わっていないはずだから……私も今年応募していたらもっと可能性があったのかな！

サンドラ・トンプソン博士：ダン、あなたの栄光を奪うつもりじゃないんだけど……あなたの研究は素晴らしいし、助成金を獲得できたことも喜ばしいことであるのは間違いないよ。それでも、これまでの私たちの業績は横並びだったし、どうしても私は去年、メリッサは今年応募していたらもっといい結果だったんじゃないかと考えちゃうんだ。もちろん分からないけどね……。

ディスカッションの進行：プレゼンター用ガイド

備考：参加者の資料には、以下に黒色の太字で記載されている質問文が印刷されていますが、下線で記載されている回答や補足質問などは印刷されていません。

1. ここまでで、**業績の再定義、ステレオタイプ・プライミング、ステレオタイプ脅威**という3つの概念と、いかにこれらが意思決定においてジェンダーバイアスを無意識に生じさせかねないかということを学びました。このケースについて、この3つの概念を念頭に置いた上で考えてみましょう。

a. **ジェンダー・ステレオタイプのプライミングが面接をする審査員たちにどのような影響を与えていたと考えられますか。**

参加者の回答例：

- 助成金の告知文には審査員に対して受賞者が男性であるような想像を促すプライミングをするような多くの基準が含まれていた。例えば：

- 「ハイリスク」：ステレオタイプの男性のふるまいの性質とされている
- 「技術的」ブレークスルーの強調：男性はステレオタイプ的に技術に関連付けられる
- 受賞者は１人のみで名誉ある額が大きい助成金：これらの特徴も男性受賞者を想像させるプライミングになる傾向がある
- 「科学的リーダーシップ」があるエビデンスではなく、そのポテンシャルを持っていることの強調：男性の方が潜在的なリーダーとして認識される傾向にある。また、ステレオタイプな男性の特性はリーダーのステレオタイプな特性と重なる。

何も回答が出てこない場合、次のような補足質問や誘導質問をしてみましょう。

- プログラムの告知文はステレオタイプ・プライミングを生じる可能性を持つものですか。
- 賞の告知文にジェンダー規範を想起させる箇所はありますか。どのような箇所ですか。
- 告知文に含まれる単語や描写が男性または女性応募者のいずれかを想像させるようプライミングしていますか。

b. ステレオタイプ脅威がトンプソン博士にどのような影響を与えていたと考えられますか。

参加者の回答例：

- 廊下に飾られた男性の写真を見ることでジェンダーステレオタイプのプライミングが生じ得る。これによって男性応募者が（所属意識を感じるなどして）より自信を持つ可能性がある一方で、女性応募者は一流の科学者の中に自分たちが含まれないと感じ、ステレオタイプ脅威が生じる可能性がある。
- 審査員に女性が１人しかいなかったことで（そしてもう１人いた女性も従属的立場であったことで）、ステレオタイプ・プライミングとステレオタイプ脅威が生じた可能性がある。

- トンプソン博士は自分が期待していたほどいいパフォーマンスができなかった。仮にそれがステレオタイプ脅威によるものだったとしても、パフォーマンスが比較的悪かったということは彼女を受賞者に選ばなかった審査員の評価は正しいことを示している。

返答例：実際に彼女のパフォーマンスが悪かったのかどうかは知り得ないということに注目してもらう。我々が分かっているのは彼女が普段より自信を失っていたということだけである。ディスカッションを 1）全ての応募者が自分のベストを出せて、2）一部の応募者が他の人より安心できない状況にならず、3）ステレオタイプ脅威の発生を避けられるような審査環境の設定に焦点化させる。

何も回答が出てこない場合、次のような補足質問や誘導質問をしてみましょう。

- トンプソン博士が普段よりも緊張したり不安を感じたりする原因となった要素は何だったと考えられますか。
- 一流男性科学者の写真がどのような影響をもたらしたと考えられますか。
- 審査員のうち女性が 1 人だけだったことでどのような影響があったと考えられますか。

c. このケースにおける助成金授与者の決定において、業績の再定義がどの程度関わっていたと考えられますか。

参加者の回答例：

- ソーレンソン博士の研究の領域横断的性質が評価されたことは、こうした基準は告知文には含まれていなかったので、業績の再定義にあたるかもしれない。ソーレンソン博士は審査員の受賞者像がどうあるべきかについての期待（ステレオタイプ・プライミングによって形成された期待）により合っており、審査員はそれに基づいた選考を正当化するため、業績として領域横断性が賞の重要な基準であると定義したということはあり得る。ジョージ博士は前年応募時に研究が領域横断的であるという理由で選ばれなかったという経験があることから、今回のプロセスに業績の再定義が生じていた可能性が示唆される。

- 審査員が違えば審査基準も変わるし年度が変われば基準も変わるのだから、これは業績の再定義には当たらないと主張する参加者もいるかもしれない。

返答例：その可能性もあるが、そもそも十分に明確で練り上げられた基準を確立できていないことにより、選考において業績の再定義が発生し得る土壌を作ってしまっていること、そして、業績の再定義は通常これまでの受賞者やその分野の地位を得ている人々に最も類似する応募者に対して有利に働く傾向にあるということに注目してもらう。つまり、マジョリティ集団に属する人が有利になるのである。追加の質問として、これまで関わった審査プロセスの中で、業績の再定義に遭遇したことがある参加者がいないかどうか問いかける。

何も回答が出てこない場合、次のような補足質問や誘導質問をしてみましょう。

- どうしてソーレンソン博士とジョージ博士はそれぞれの研究の領域集中性／領域横断性についてこれほどまでに違う評価を受けたのでしょうか。
- 当初、助成金の範囲に含まれていなかった基準に基づいて決断を行った審査チームについてどう思いますか。こうした判断をするリスクと利点は何でしょうか。

2. ジェンダーステレオタイプによる影響を減らすためにプログラムの告知方法、面接環境、審査プロセスなどをどのように変更すべきだと思いますか。

バイアス習慣を断つ：

ジェンダー公正を促進するためのワークショップ

シェパードの錯視　テーブル回転演習

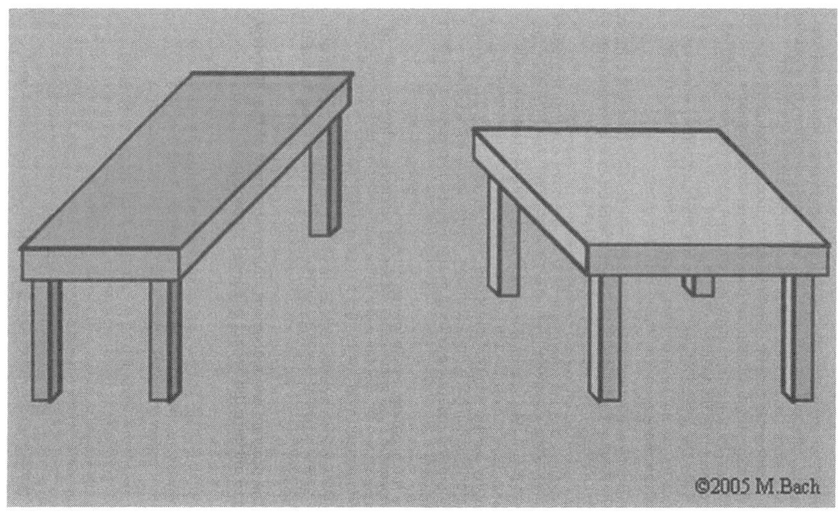

http://www.michaelbach.de/ot/sze_shepardTables/index.html

訳者あとがき

近年、大学や企業におけるダイバーシティ環境実現の文脈において「無意識のバイアス（アンコンシャス・バイアス）」という現象が盛んに取り上げられるようになってきた。長崎大学ダイバーシティ推進センターは2019年に文部科学省科学技術人材育成費補助事業ダイバーシティ研究環境実現イニシアティブ（先端型）に採択され、「ダイバーシティ推進学習プログラムの開発と実施」を進めてきた。それまでの本センターの取り組みは女性研究者に対する支援と管理職やリーダーになろうというエンパワメントが中心であったが、女性を支援・鼓舞するだけでなく、そもそも大学の構成員みながダイバーシティ＆インクルージョンについての知識を得、無自覚に持つ自分自身のバイアスに取り組んでいかなければ、大学における女性を含むマイノリティにとってよりよい環境が実現できないだろうと考え推進することになったのが本学習プログラムの開発と実施であった。

ダイバーシティ推進学習プログラムを開発する上で、まずは海外の先駆的な取り組みを参考にしようと、2020年3月に本書の訳者である中島がアメリカのウィスコンシン大学マディソン校の科学・工学分野女性リーダーシップ研究所（WISELI）を訪問し、Dr. Jennifer Sheridanにヒアリングを実施することになった。ヒアリングの際に譲り受けたのが、採用の公正な方法について記された*Searching for Excellence & Diversity: A Guide for Search Committees*および本訳書の原著である*Breaking the Bias Habit: A Workshop to Promote Gender Equity*であった。

WISELIは国立科学財団（NSF）からADVANCEというSTEMM（科学、技術、工学、数学、医学）領域におけるジェンダー公正を大学で促進するための助成を受け、採用についてのワークショップ“Searching for Excellence & Diversity: A Guide for Search Committees”を作り、2004年に最初のワークショップを企画した。助成が修了したあとも大学は本ワークショップを行う博士レベルのスタッフを雇うことを決め、その後、国立衛生研究所（NIH）からも助成を受け、ワークショップ”Breaking the Bias Habit: A Workshop to Promote Gender Equity”を開発した。これは採用ワークショップの中で潜在的バイアスについて取り上げたところとても評判がよかったため、バイアスに焦点を当てたワークショップも開発することになったとのことであった。WISELIはワークショップの効果に関する研究論文も多く発表しており、大学によい結果をもたらしたという知見を明らかにしている。バイアスワークショップについては毎年、教員100名と職員150名、採用ワークショップについては毎年、教員125名、職員50名程度が受講しているという。もともとは本ワークショップへの参加を強制すると問題やバックラッシュが生じる恐れがあったためWISELIとしては自発的な参加を促していたが、よいワークショップだという認識が広まり、学科・専攻によっては構成員に受講を義務化したり、人事選考委員会のメンバーに採用のためのワークショップに出ることを要求したりするところも出てきたという。

"Breaking the Bias Habit"は社会正義の枠組みで「あなたは間違っている」、「より公正な社会になるためにこうすべき」と言うのではなく、あくまでこれは「科学」であり、科学的なエビデンスをもとにジェンダー間で何が起きているのかを提示することに主眼が置かれている。それは、社会正義の達成よりも科学的な知見に関心を持つSTEMMの教員により関心を持ってもらうためであるという。このため、本ワークショップで用いられる先行研究に詳しい社会科学分野の教員が本ワークショップをどのように感じるかは未知であるという。また、本ワークショップはあくまで教員・職員を対象に作られたものであり、学生に対するものではない。しかしながら、本書で紹介される多様な研究にもとづく詳細なガイドラインは、学生や社会科学系の教員、さらには大学以外の組織にも応用可能であり、多くの人にとって非常に役立つものと信じている。

WISELIのワークショップを日本で行う上でもう1つの懸念が、バイアスワークショップは2.5時間、採用ワークショップは4時間の設定で構成されているということである。日本の大学で3、4時間のワークショップを行うことは果たして可能だろうか。また、WISELIは本ワークショップをdepartment（学科・専攻）レベルで実施しているが、日本ではどのような対象で実施するのが適切であろうか。本ワークショップを日本の大学に導入するにあたり、いくつか検討しなければならないことはあるだろう。本ワークショップを実践しながら日本の仲間たちと意見交換ができれば幸いである。

本訳書『バイアス習慣を断つためのワークショップ――ジェンダー公正を進める職場づくり』はWISELIと連携して事業を推進してきた大阪市立大学（現大阪公立大学）女性研究者支援センターと長崎大学ダイバーシティ推進センターが協働して翻訳プロジェクトを進めてきたものである。WISELIは最初に採用ワークショップを開発したが、日本では無意識のバイアスについての関心が高いことから、まずはバイアスワークショップのガイドラインを出版することにした。

本訳書の出版にあたりWISELIの仲間たち、特にDr. Jennifer Sheridanには挨拶文を執筆いただくなどお気遣いいただいた。また、共訳者の大阪公立大学の西岡英子氏、そして同大学の工位武治氏には翻訳にあたって貴重なアドバイスをいただいた。最後に、明石書店の神野斉氏および岩井峰人氏には年度末ぎりぎりの出版となったが迅速なご対応をいただいた。ここに記し感謝を述べたい。

本訳書がジェンダー公正を進める大学と社会の一助になれば幸いである。

訳者を代表して
中島　ゆり

＊本書は、文部科学省科学技術人材育成費補助事業　ダイバーシティ研究環境実現イニシアティブ（先端型）の取組の一環として刊行されました。

訳者プロフィール

中島ゆり（なかじま　ゆり）
長崎大学ダイバーシティ推進センター副センター長、大学教育イノベーションセンター教学IR部門長、准教授。お茶の水女子大学大学院博士後期課程単位取得退学、ニューヨーク州立大学バッファロー校教育学研究科博士課程修了、Ph.D. (Educational Culture, Policy, and Society)。主著に*Japanese Education in a Global Age: Sociological Reflections and Future Directions*（共著、Springer、2018)、『日本の若者と雇用――OECD若年者雇用レビュー：日本』（共訳、明石書店、2010)、『教育の危機――現代の教育問題をグローバルに問い直す』（共訳、東洋館出版社、2017)。専門分野は教育社会学。

西岡英子（にしおか　ひでこ）
大阪公立大学女性研究者支援センター副センター長、特任准教授、プログラムディレクター。毎日新聞高松支局、高松市女性センター等を経て現職。神戸大学法学研究科修士課程修了（政治学)。2018年、大阪市立大学（現、大阪公立大学）で開催されたシンポジウムにウィスコンシン大学マディソン校WISELIディレクターを初めて招聘し、「採用ワークショップ」を日本に紹介。その後もジェンダー公正に関わる米国・英国・ドイツの先進大学の現地調査を続け、『法学セミナー』（日本評論社）などに記事掲載。専門分野はジェンダー法政策、社会学、女性・子どもへの暴力、震災。

バイアス習慣を断つためのワークショップ
――ジェンダー公正を進める職場づくり

2023年3月31日　初版第1刷発行

編　者　ウィスコンシン大学マディソン校 WISELI
（科学・工学分野女性リーダーシップ研究所）
訳　者　中　島　ゆ　り
西　岡　英　子
監　修　長崎大学ダイバーシティ推進センター
協　力　大阪公立大学女性研究者支援室
発行者　大　江　道　雅
発行所　株式会社 明石書店

〒101-0021 東京都千代田区外神田6-9-5
電 話　03（5818）1171
FAX　03（5818）1174
振 替　00100-7-24505
https://www.akashi.co.jp

装　　丁　金子　裕
印刷・製本　モリモト印刷株式会社

（定価はカバーに表示してあります）　ISBN978-4-7503-5575-7

女性の世界地図

女たちの経験・現在地・これから

ジョニー・シーガー 著
中澤高志、大城直樹、荒又美陽、中川秀一、三浦尚子 訳

■B5判変型／並製／216頁 ◎3200円

世界の女性はどこでどのように活躍し、抑圧され、差別され、生活しているのか。グローバル化、インターネットの発達等の現代的テーマも盛り込み、ますます洗練されたカラフルな地図とインフォグラフィックによって視覚的にあぶり出す。オールカラー。

● 内容構成 ●

世界の女性たち 差別の終結（CEDAW）／差別を測る／ジェンダー・ギャップ／平均寿命／レズビアンの権利／二分論を超えて／結婚と離婚／児童婚 ほか
女は女の場所に置いておく さまざまな箱の王国／合法的な束縛／「名誉」殺人／DV／レイプ犯と結婚させる法律／レイプ／殺害される女性 ほか
出産にまつわる権利 出産／避妊／妊産婦死亡率／中絶／男児選好
身体のポリティクス スポーツ／美／美容整形／女性器切除／セックス・ツーリズム／買売春／人身売買／ポルノグラフィー
健康・衛生 乳がん／HIV／結核／マラリア／飲料水／トイレに関する活動 ほか
仕事 有償・無償の仕事／分断された労働力／世界の組立工場／収入の格差／失業／児童労働／水のために歩く／農業と漁業／仕事のための移民
教育とつながり 就学年数／学歴が積めない／学位への前進／識字率／コンピューター／インターネットとソーシャルメディア／オンラインハラスメント ほか
財産と貧困 土地の所有／住宅の所有／毎日の貧困／極限の貧困 ほか
権力 女性の選挙権／政治における女性／軍隊／国連／いろんなフェミニズム